ALY VALDÉZ

Verano Sangriento
Segunda edición, 2015

©de la obra:
Autora: **Aly Valdéz**

Publicado por **Editoriales Once**
Miami, Florida

©Diseño de portada: ENZOft Ernesto Valdes
©Maquetación: ENZOft Ernesto Valdes

ISBN-13: 978-0692251409
ISBN-10: 0692251405

Todos los derechos reservados. Bajo las sanciones establecidas en el ordenamiento jurídico, queda rigurosamente prohibido, sin autorización escrita de los autores del copyright, la reproducción total o parcial de esta obra por cualquier medio o procedimiento, comprendidos la reprografía y el tratamiento informático, así como la distribución de ejemplares mediante alquiler o préstamo públicos

Impreso en Estados Unidos de América.

AGRADECIMIENTOS

A mi familia, quienes han respetado mi inmersión en horas de letras, alejada de sus tiempos.

A los que de forma directa o indirecta me han colaborado en éste oficio maravilloso de hacer libros… Y a los lectores, porque sin ustedes, mi trabajo no sería posible.

Aly Valdéz

DEDICATORIA

Dedico este libro a Dios. Mi esencia

A mi esposo José Manuel Llanes.

A mis hijos José Luis Llanes y Joselys Llanes.

A mi padre Luis Rigoberto García Ramos y a mi madre Alicia García Valdéz

Alicia García Valdéz
Ciudad de Miami
Diciembre 2013

"Cuando el sentirse inferior pasa a ser más que un sentimiento, convirtiéndose en una obsesión, acomodándose en el interior de una mente mediocre, no puede haber más que un final... La Desgracia"

Hoy, un día cualquiera de un agosto caluroso, el sol brilla con todo su esplendor y deslumbran a la vista, hermosas flores que destacan entre los verdes jardines, desprendiendo mágicos destellos pues el rocío las convierte en brillantes gemas mañaneras. Éstas primeras horas, le regalan a la ciudad un resplandor que invita al mar, a la arena, para olvidarse de lo cotidiano y buscar refugio en el verano. La vida se mueve bajo un cielo despejado y azul, nadie advierte que en cambio, una enorme nube gris se ha detenido sobre los techos de una acogedora vivienda en la tranquila zona de South Miami.

Un hombre angustiado deambula silencioso en el interior de ésta casa, desea desesperadamente ser comprendido. Agoniza en su tormento, en un soliloquio redundante que le obliga a un ir y venir inquieto. La noche le fue larga, se sintió ahogado en aquella soledad, pero el nuevo día no ha logrado calmar sus ansias de venganza. Venganza sí, venganza por ese dolor que esconde, por el temor de poner en juego su hombría. Las paredes que lo resguardan han perdido los colores que ama, se han pintado de negro. No comprende en qué instante sucedió, pero ahora esa negrura se identifica con su alma que también perdió su luz en alguna hora de un ayer que ya está muerto.

El hombre deambula sin pronunciar palabra, escuchando un yo extraño que le habla. Un yo que le muestra al cuervo en la ventana, acompañado por espectros que le exigen que haga justicia para levantar su ego; un ego que perdió más allá del tiempo, amando a una diosa que en un ritual secreto le destruyó el amor, ese amor que vivía en sus entrañas, dejándole en cambio, un corazón marchito por el odio y los rencores. Quitándole la fuerza de ser él, en una vida que lo aclama. Ahora sólo divaga, perdiéndose en las miles de preguntas que han quedado sin respuestas en su cansada mente. Vacila por instantes pero un pensamiento se ha arraigado fuerte, lo ha dominado en las últimas horas. Observa fijo la Taser, tres pistolas y un cuchillo grande de cocina que descansan en una mesa de la habitación en que deambula. Los observa una y otra vez con rostro atribulado. Se dirige a la ventana desplazando ligeramente la cortina que la cubre, dejando entrar un atrevido rayo de sol que lucha por iluminar las sombras de la habitación. Mira a lo lejos, como sí esperara que el horizonte le retornara sus palabras, trayendo con él esa respuesta que ahora lo mantiene en un limbo. Quiere hacer lo correcto y la única respuesta que ha encontrado está en las tres pistolas, el cuchillo de cocina y la Taser. El reloj no se detiene, marcha a toda prisa y su mente, que corre con el segundero, a cada instante es más siniestra y calculadora. Si abre la puerta de la habitación y avanza al exterior, quizás tropiece en algún rincón de la casa con la causa de sus sufrimientos. Quiere hacer lo correcto, por eso se detiene y piensa. Esa voz que escucha muy dentro sólo quiere muerte.

Debe matar para reencontrarse. Volver a ser el hombre que fuera hace algunos años y que ahora sólo habita en su recuerdo.

Cierra la ventana, negándole al pequeño rayo que haga su trabajo de iluminación. Está tenso, sus músculos ya no aceptan movimientos. Se dirige a la pequeña mesa, toma una de las armas y acaricia su cuerpo de metal con manos firmes. En éste acto, sus ojos brillan y un extraño poder lo posee. Es una fuerza misteriosa quien lo impulsa. Tiene que matar. ¡Tiene que hacerlo, es el momento!

Estos pensamientos lo mantienen absorto, mientras en la habitación contigua, ajena y sumida en angelicales sueños, descansa una pequeña de apenas 10 años que ni aún con sus chispas de hada inocente, logra detener la rabia del hombre que acaricia el revólver y piensa.

Avanza lentamente hacia la puerta de la habitación y de súbito tropieza con un viejo escritorio que yace débil y cansado en una esquina, sobre éste, un libro que quedó abierto hace mucho y que ahora se desliza, cayendo al suelo. El hombre se detiene un instante como si hubiera recibido un golpe interno al observar el libro... Murmura unas palabras mientras lee el título y un recuerdo como luz suprema, llega. Aquel es uno de los varios libros de auto ayuda y superación personal escrito por él, su rostro resplandece por unos segundos, antes de ser una vez más dominado por los espectros de la muerte que se han negado a dejarlo ir. Fue vano el esfuerzo del libro al mostrarle sus palabras, esas palabras que inmortalizara en sus hojas, ahora empolvadas por no haber sido leídas en mucho tiempo.

Se reincorpora y ese brillo satánico que destellara en su mirada, ahora se hace más fuerte, es escalofriante observarla, fría, vacía, cada latido le repite que avance, que no se detenga. Sus pies obedecen la orden del latido, con mano firme sobre la cerradura abre la puerta que lo ha mantenido aislado por un buen rato de la causante de sus sufrimientos. Encamina sus pasos para hacerle frente. Pero algo lo detiene. Un pensamiento negro lo para en seco, regresa, ahora su voluntad cobra nuevos bríos. Abandona de una vez por todas la habitación y busca estar de frente a la mujer que amara más allá de su ser. Trata de encontrar en sus ojos, una verdad que siempre ha querido entender. Ella lo observa en silencio, sin comprender qué sucede. Aquella mirada la electriza, dejando en su interior un crujir de terror que la domina en un instante. En cambio él, en su mente espera que de la boca de ella nazca un perdón que por años ha esperado. Ella esta aterrada, él esta distinto, hoy la observa con ojos muy distintos, es innegable que hay odio en su mirada.

Ahora, sólo unos minutos después, la nube gris que estaba sobre el tejado, ha logrado entrar en el hogar. Es un silencio insondable el que los une en este instante, una obscuridad que los envuelve hasta que en un grito, la mujer rompe cualquier esperanza, negando ese perdón tan esperado, termina la falsa quietud que se quiebra por insultos que sin compasión emanan de su boca. Él está atónito, temeroso ve en un instante todos sus sueños que han pasado por caminos de destrucción y dolor. Mientras, ella le vocifera una y otra vez la frase destructora, le grita más de cien veces las palabras que él no quiere escuchar. ¡Te odio! ¡Te odio! Él trata de evitar que aquella voz penetre sus oídos, pero es en vano. Son dos voces en la mente del hombre, dos voces al unísono, la de ella, arrojándole los te odio a la cara y la de su interior, pronunciándole en susurros: "Mátala, es ahora o nunca."

Titubeó un instante, pero el eco le repitió la orden. "¡Mátala, ahora o nunca!"

Ella en su esquina, continuaba gritándole, exigiéndole que se fuera. Queriendo terminar con él de una vez por todas, terminar una relación que siempre fue tormentosa. Ahora, de repente, ella supo que él no se iría a ningún lugar, la miraba inmóvil, absorto y sin articular palabra, no era su turno de decir algo, tenía que actuar, era el momento de su reacción ante la voz de aquella mujer que no se había medido jamás a la hora de gritar, ofender y decir palabras que él no quería escuchar y que por mucho tiempo se había negado a aceptar. Además, esa voz en su interior, hablaba por él mientras el cuervo y los espectros continuaban observando desde la ventana.

La mujer de un tirón, abrió uno de los cajones de la cocina y nerviosa buscó un cuchillo, temía por su vida, la forma en que él la miraba en silencio le habían despertado un presentimiento que la llevó a querer defenderse. En realidad, gritaba porque estaba muy asustada en ese instante; en la casa sólo estaban ella, él y la hija de 10 años que aún dormía. Tomó el cuchillo en sus manos e intentó defenderse, amenazando con un gesto al hombre que permanecía estático frente a ella. En un súbito movimiento, él le arrebató el cuchillo dejándola indefensa, ella arremetió contra él con toda las fuerzas de sus puños, terminó seriamente lastimada pues el hombre que la dominó de un revés, siguió vapuleándola, mientras que con cada golpe, él iba sintiendo como se rompían uno a uno sus más venerados sueños, destrozando así lo que fuera su más hermosa y tierna ilusión.

No bastó golpearla para acallar sus gritos. La voz le exigía terminara lo empezado, sólo la muerte podría limpiar el agravio del que se sentía víctima, era ahora o nunca. Levantó su arma y disparó seis veces sobre el cuerpo de la mujer, que cayó sobre el suelo de la cocina, agujereada no sólo por las balas. Eran otros proyectiles más fuertes aún que el plomo y la pólvora los que le atravesaron el cuerpo; fueron el odio y el silencio, la rabia y la vergüenza, la desesperación y el dolor, todo acumulado dentro de aquel hombre que había soportado en silencio muchas cosas y a quien segundos antes, ella ofendía gritándole cientos de "Te odio". Cada bala que la traspasó, llevaba la ira que él se guardó por años y que ahora finalmente, con su muerte, el sintió que le devolvía dignidad y decoro. Se escuchó repitiendo en voz muy queda, mientras disparaba hasta quedar sin balas: "¿Ves que no soy un cobarde?"

La observaba y continuaba impávido. Colocó el arma sobre la meseta de la cocina. Avanzó unos pasos ante los atónitos ojos del cuervo y los sorprendidos espectros que huyeron despavoridos. Se dirigió a la sala, tomó una cámara fotográfica, la misma cámara que fuera testigo de algún que otro momento feliz, hacía ya mucho tiempo, se dirigió a la cocina y retrató aquel cuerpo que en realidad amaba por sobre todas las cosas. Ahora yacía ensangrentado y sin latido alguno. Él no hubiese querido ese final, pensó, pero antes de permitirle hablar a su conciencia, escuchó a la voz que, convincente, le decía al oído: "No te arrepientas, has hecho lo correcto..."

Entonces una sonrisa vistió su rostro que parecía de cera. Le dio la espalda al cadáver, fue hasta la computadora en la sala, descargó la foto y le mostró al mundo su trofeo. Había ganado una batalla diseñada desde estrategias de enajenación, se había convertido en un instrumento de muerte mientras aquella voz, le repetía que sólo de ésa forma podía volver a ser libre.

Capítulo II

Agosto 8, 1973

Ya casi llega la noche que está extraña, lúgubre. Una niña huye de su casa, corre desorientada. Se siente débil, cansada, sus fuerzas se las han tragado los gritos cotidianos que cada vez la agobian más. Esa mente infantil no sabe de entender tormentos chocando sobre su tejado. Mientras corre, no se percata de la nube gris que la persigue. Los gemidos se apuran en hacerse escuchar tan de prisa que la ahogan. Le duele el pecho, ese pecho pequeño que sólo ha albergado llanto. Sus ojos buscan en el horizonte una silueta, sin saber en realidad a quién quisiera encontrar. Quizás al hombre que después de engendrarla, salió espantado ante la responsabilidad de un hijo, dejando a su madre sumida en el dolor de su ausencia y en deplorables condiciones que la llevaron a buscar refugio en el alcohol y las drogas… Nunca fue lo suficientemente fuerte para enfrentar la vida. La niña sabe, ella lo siente, no pudo lograr convertirse en el motivo principal que la ayudara a luchar y continuar.

Hoy no es distinto. Los gritos de un desconocido peleando con su madre en la antesala, la hicieron correr asustada y la llevaron a buscar refugio en su rincón querido, esa banca del parque cercano que la recibe siempre con cariño, permitiéndole recostar su rostro de angelito en la vieja madera que le sirve de regazo, mientras la brisa le acaricia el rostro, secándole las lágrimas. El anciano roble le regala una tonada con sus cansadas ramas. Allí donde se siente olvidada, intenta reflexionar, tratando de encontrar en su mente de niña algún recuerdo agradable. Busca en su memoria un beso en la frente, un te quiero brotado en momentos de simpatía, dirigido a su personita. Piensa en silencio, intenta responderse si alguna vez alguien recordó su cumpleaños, que ya otra vez se acerca, pero todos están tan ocupados en sus obligaciones que duda que lo conmemoren. No quiere importunarlos y por eso prefiere permanecer callada. Cuánto añora que alguien lo haga, que al menos le deseen un lindo día, y si no es mucho pedir, recibir como regalo un par de zapatos nuevos. No han notado que cada mañana tiene que atarle las suelas porque ya están muy viejos y empiezan a abrírsele huecos por el desgaste.

 Entre llantos y con la Luna de compañera, dormita en la banca que la protege de singular manera. Un ruido lejano la despierta.

 Está muy avanzada la noche. Se incorpora y mira al cielo como quien eleva una plegaria. Pasa las manos por su pelo alborotado. Se siente un poco animada después de haber conversado largo rato con las sombras y haber descansado al amparo de su banca. Se levanta y sus pequeñas piernas de niña se deslizan lentas como sí de plomo macizo fueran. Camina de regreso bajo la esperanza de un nuevo día, esa pequeña de siete años ruega porque no sea la angustia quien la reciba.

 Llega a la casa, es humilde y está ubicada en la zona vieja de South Miami. Abre la puerta con cuidado. Su madre ha de estar durmiendo. Como siempre no debió de haber notado su ausencia. De seguro estaría en su cuarto con su amante de turno. Palabra y significado que a su corta edad, ya había aprendido muy bien. Eran tantos en un día que apenas recordaba el rostro de alguno. Bueno si, recordaba los que frecuentaban más seguido y a los que le obligaban a llamar "tío".

 Tenía mucha hambre, no había comido en todo el día. Se dirigió despacio a la nevera en busca de cualquier residuo, si es que quedaba. Cuando su madre era frecuentada por tantos hombres, rara vez quedaba algo para que ella pudiera alimentarse. Su madre trabajaba tan duro para mantenerla que entendía no pudiera guardarle alimentos. Además, el dinero tenía que alcanzarle para poder comprar las cervezas que ingería todo el día y tener acceso a las drogas que la ayudaban a sostenerse, mientras llevaba a cabo sus labores como prostituta.

Era su madre y ella la adoraba. Su mamá tenía que estar bien sobre todas las cosas. Ya hacia suficiente, no podía exigirle más. Así que al abrir la nevera y encontrar solamente un par de cervezas, se consoló pensando que si tomaba un vaso grande de agua, se llenaría y podría dormir.

Evitando hacer ruido se encaminó al baño donde tomó una ducha de agua caliente que de cierta forma la reconfortó. Mientras secaba su cabello frente al espejo, éste le regaló la angustia de su rostro en su reflejo, aunque algo vaga por el vapor que danzaba a su alrededor. Una lágrima brotó por su mejilla, dándole una gótica de sal a sus labios como premio. Tomó del gabinete del baño la única vieja bata de dormir que tenia, tan vieja que apenas se le podía distinguir el color. de tan desgastada que estaba la tela. Se vistió y encaminó sus pasos a su habitación, un pequeño cuarto de desahogo que compartía con una vieja lavadora y secadora, donde le habían acomodado un colchón que nunca supo de estar cubierto por una sábana, pero era ahí donde descansaba, después que las juergas de su madre terminaban.

El vaso de agua mitigó su hambre un poco. Estaba cansada, los ojos se le cerraban, al menos esa noche podría dormir. Se acomodó haciéndose un ovillo sobre el colchón, buscando el calor de su propio cuerpo. Lentamente fue quedándose dormida, se disponía a soñar. En sus sueños era libre, por eso le gustaba dormir, soñaba que iba a la escuela, que su madre cepillaba sus cabellos antes de partir, haciéndole unas hermosas trenzas. Una vez que la terminaba de peinar, se sentaban a la mesa y disfrutaban ambas de un desayuno delicioso acompañadas de risas… mientras viajaba por su mundo de sueños, sintió que algo la comprimía. Abrió los ojos y aterrorizada comprobó que no soñaba. Tenía un hombre sobre ella. Era muy grueso y fuerte, con la mano derecha presionaba su boca, mientras que con la otra le arrancaba, sin mucho esfuerzo la vieja bata de dormir, dejando al descubierto todo su diminuto cuerpo que temblaba. Estaba aterrada, sin compasión alguna aquel degenerado le abrió sus piernitas ejerciendo todas sus fuerzas. En realidad, ella era tan pequeña y desvalida que todo ese exceso de violencia fue por gusto. Sin que aquella inocente tuviera tiempo de entender qué estaba sucediendo, el hombre la penetró con su miembro, desgarrándole la vagina. El dolor fue tan agudo, que aún con la boca tapada, el grito que nació de su garganta traspasó las paredes. Aquella bola de grasa se balanceaba sobre ella, penetrándola una y otra vez hasta que satisfecho y exhausto, aún sobre aquel pequeño e infantil cuerpo, se acomodó medio dormido, disfrutando de lo que acababa de hacer.

Ya no era tanto el dolor como la rabia que sentía al haber sido atacada de aquella vil manera; quería creer que si su madre hubiese estado despierta, ella no lo habría permitido. Mientras así pensaba, sentía aquel olor nauseabundo que despedía su atacante, quién roncaba estrepitosamente, empapando con su sudor el viejo colchón sin sábanas. No lloraba, no tenía fuerzas para llorar pero algo vago y escalofriante se había apoderado de ella.

<<Sí mi madre se despertara, seguro lo pagarías.>>

Decía en su interior. Finalmente el hombre se levantó, dejándola libre. Tenía los ojos cerrados, no quería volver a mirar a aquel ser asqueroso, hediondo a alcohol y a grasa. Cuando sintió que el hombre se alejó, los abrió para buscar en el horizonte, pensando que sólo encontraría vacío. Pero no, no fue así, ahí estaba ese rostro que tanto amaba, el de su madre. Seguro acababa de llegar y la defendería, aunque tarde, pero algo haría por ella. Buscó fuerzas y trató de incorporarse, había sangrado mucho, la sangre todavía corría entre sus piernas. Pero su madre la observaba con una mirada seca, distante, sin sentimientos. Con un gesto le indicó que no se acercara a ella y estas palabras brotaron de sus labios:

- Ya es hora que me ayudes. Ve, date un baño y a partir de hoy éste será tu trabajo. Por ti me pagan muy bien.

Un escalofrío cubrió todo su cuerpo, lo que había escuchado de boca del ser que más amaba en el mundo no tenía sentido para ella. Estaba perdida. Apenas tenía siete años, adoraba las muñecas a pesar de nunca haber tenido una. Le gustaba mucho leer y lo hacía muy bien, aunque iba pocas veces a la escuela porque su madre siempre olvidaba llevarla. Y ahora de golpe, tenía que permitir que la tocaran, que la manosearan. Que manos extrañas la ultrajaran bajo la orden y aceptación del ser que más ella veneraba. Definitivamente los ángeles se habían ido, habían olvidado su nombre. Ella los entendía, si de tan pocas veces que la nombraban, hasta ella había olvidado que se llamaba Leonor. Su madre siempre le decía mal nacida, así que llegó a creer que era de esa forma que debían llamarle.

Su pequeño mundo había estallado en mil pedazos, se rompió la seda de los sueños en que Leonor vivía. Fueron como etéreas cortinas rosa que se diluyeron, yéndose muy lejos, hermosas fantasías que tan sólo rozaron un lugar imaginado y que ahora le negaron para siempre, al imponerle terrores que dominaron sus sentidos. En pie, sin ángeles ni sueños, le exigió al corazón que ocultara su latido lleno de dolor, negándole a sus ojos el derecho de una lágrima. Ahora tendría su cuarto, sería la niña amante del visitante que a deshora llegue para saciar sus ansias en el interior de un cuerpo que todavía no alcanzó la pubertad. Pero finalmente tendrá su cuarto, ya no compartirá su espacio con una vieja lavadora. Ahora no tendrá que elevar plegarias, ni deberá esperar respuestas porque Dios también le cerró sus puertas por algo muy malo que debió haber hecho, aún cuando no lo recuerde. Ya no lo molestará más con peticiones absurdas, no volverá a rogarle por una muñeca. Ahora el ocaso es quién habita permanente en su interior y ha vestido las paredes de la casa, tatuando obscuridad en todos los rincones. Es una negrura honda que no deja crecer ni el esbozo de una sonrisa... ¿Cómo era posible que ella se atreviera a soñar? Sabía desde muy pequeña que para ella eso era algo prohibido.

Le esperan días largos y debe prepararse para hacer su trabajo. Debe obedecer o perderá otra vez su habitación. Pero son tantos los hombres que frecuentan su espacio, que siente no tener fuerzas para atenderlos a todos. Aunque a ellos no parece importarle mucho su cansancio, más bien cree que disfrutan más sus siete años.

Se abraza a su fuerza, esa que de golpe se abrió ante sus ojos. Un recuerdo viene a su mente regalándole a su rostro algo parecido a una sonrisa. Aprovecha que ahora está sola, su madre ha salido por las cervezas de la noche. Se encamina al otro cuarto y busca en los cajones al lado de la cama, busca a toda prisa, no quiere ser descubierta. Busca con ansias, desesperadamente. Ya lo tiene, se inca en sus rodillas a la orilla de la cama. ¿Irá a rezar? No, no precisamente. Ha tomado algo entre sus manos...

Un pequeño sobre con un polvo blanco dentro...

Su madre lo consume siempre. Ella ha visto como lo aspira y siempre dice que le da más fuerzas y la aleja de la realidad. Si su madre lo consume es porque ha de ser bueno... Piensa... Alguna que otra noche vio a su madre usarlo junto a sus amigos, así que abrió el pequeño sobre y aspiró igual que viera a su madre hacerlo. Tosió un poco, era extraño, esperó unos minutos y se sintió distinta. Las paredes ya no eran negras, ahora tenían colores y podía ver flores crecer en ellas con más fuerzas que en el jardín. No sabía cómo se llamaba aquello que tenía en sus manos y ahora circulaba por su cuerpo, acariciándole la mente, pero lo que fuera, desde ese instante sería su amigo. Finalmente algo la había hecho feliz, devolviéndole la euforia que había perdido desde mucho tiempo atrás, aunque pensándolo bien, no recordaba nunca el haber sido feliz ni sentirse eufórica, excepto en sus sueños que ahora le habían sido robados.

    Se sintió mujer y dibujó su rostro igual que una muñeca. Sería la muñeca de todos, ahora sentía que lo podría hacer sin gran dificultad, siempre que su amigo, el polvo blanco, no la abandonara. Esa noche ya era distinta y cuando tocaron a su puerta no dudó en abrirla, ya no tenía siete años, ahora era una mujer de roble. Se entregó con fuerzas a un grotesco príncipe que quedó prendado de su inocente cuerpo, de sus senos aún sin forma, él disfrutó sus besos a pesar de que sus labios no se abrieron y sintió entonces que podía dominar al mundo aún cuando para lograrlo, necesitara ser manoseada por manos asquerosas.

    ****

    Los años se apresuraron, llegaban de prisa, vistiendo su rostro de un gesto tan duro como el acero. Así se volvió fuerte, un puntal a la envestida de la vida, donde al pronunciar "Leonor", las puertas se abrían solas, más allá del llanto. Había olvidado contar las primaveras que pasaban por su vida. Se aferró a los inviernos y no valía la pena contarlos. Así cumplió los 15 años pero ya no había tiempo para celebrarlos. Aprendió a reír con una risa falsa. Un teatro montado para ingenuos espectadores que creían ser el centro en su universo.

    Llegó abril con su olor a flores y le trajo a Leonor un príncipe azul, aunque algo tardío. Su corazón no amaba porque nunca lo enseñó a amar. Pero para aquel hombre con su amor bastaba. Era suficiente para acariciar el alma de una Leonor herida por las traiciones y desengaños que le otorgara la vida. Ella entendió la necesidad de una nueva aurora y se dejo guiar por aquel que le ofrecía la claridad de un cielo que nunca había tenido. La llevo al altar y la convirtió en su esposa. Entonces Leonor recordó que tenía apenas diecisiete años. Aquel hombre, tres veces mayor que ella, la hizo reconciliarse con la pequeña que se había perdido en el tiempo y las ignominias, le devolvió la esperanza. Le ofreció un hogar sin importar sus manchas, sus impurezas. Porque muchos la nombraban impura cuando ella nunca quiso el camino que llevaba, era tan simple juzgar un alma, era más simple que entender su esencia.

Por un instante se creyó en una nube que ni aún el más embravecido de los rayos se atrevería a traspasar. Pero olvidó la nube gris que habitaba en su tejado, esa nube impertinente que avanzaba junto a ella sin importar a donde sus pasos fueran.

Despertó una mañana en la suavidad de su cama. El esposo dormía, habían tenido una larga noche de pasión, sus labios todavía tenían la miel de los besos recibidos. Se levantó en puntillas. Fue al baño, el agua caliente reconfortó su cuerpo que agradecía el mimo. Secó su pelo con sumo cuidado. Buscó de las cremas la más olorosa y cubrió con ella todo su cuerpo. Quería estar hermosa para cuando él despertara. Se miró al espejo, su rostro resplandecía como nunca antes. Se sintió mujer, se sintió feliz por primera vez en toda su vida. Fue a la cocina, preparó el desayuno, tomó una bandeja en la alacena y acomodó todo con mucho esmero. Una blanca margarita le sirvió de toque final. Encaminó sus pasos a la habitación donde aún descansaba su compañero, lo despertaría con un beso, le daría los buenos días...

Llegó a su lado, estaba igual, no se había movido. Aún con la bandeja en sus manos se inclinó sobre él y le posó los labios sobre la frente. Leonor tembló, sus manos la traicionaron soltando la bandeja. Su rostro palideció al sentir la frialdad de aquel cuerpo.

Se abalanzó sobre él. Después de muchos intentos, comprendió que no era una broma, su esposo estaba muerto. La única persona que la hizo sentir viva, ahora estaba dormido para siempre. Una vez más se quedó sin sueños. Permaneció en silencio escrutando aquel rostro, el primer y único rostro que la había llenado de confianza, el rostro de alguien que como un oasis, había traído de regreso ilusiones y esperanzas a su vida azarosa. Aquel hombre, aquel amigo, esposo, cómplice, amante, protector de sus días y de sus noches, estaba ahora fuera de su alcance, de sus labios, de las manos de ella, que tantas veces lo acarició... pero ¿por qué? El silencio infinito a su alrededor, le dio la respuesta que se negaba a aceptar. Ahora has de continuar tu sola, pensó, una vez más sola por esta vida que te lo arranca todo, que se ha ensañado contigo desde que viste la luz por primera vez; sólo que hoy, alguien te ha dejado un apellido como amparo y un te quiero en el eco de los días.

Ahora era viuda y sintió que el mundo se desvanecía bajo sus pies.

Capítulo III

Volvió a su vida regular, aquella que un día cerró jurándose que no retornaría a ella jamás. Nuevas bocas tocaron sus labios, otros cuerpos cubrieron el suyo, era lo que conocía, su terreno firme. En ésta nueva e impuesta soledad, no existía algo a que aferrarse para que sus recuerdos recientes pudieran salvarla… Los días avanzaban lentos, tenía el alma de luto, solo que nadie lo sabía. Una mañana, su cuerpo cansado colapsó, ante los atónitos ojos de los que la vieron desplomarse en el mercado. La llevaron a la sala de emergencias de un hospital cercano. Cuando logró abrir los ojos, una luz incandescente la cegó y escuchó que alguien con mucha insistencia le preguntaba su nombre, trayéndola a la realidad. Dudó unos instantes, hasta que queda y temblorosamente respondió, Leonor. Aquella voz grave le presentó su rostro. Era un rostro afable que le obsequió una amplia sonrisa y con palabras amables le daba la mejor de las noticias:

- Leonor, debes cuidarte, muy pronto serás madre.

Estas palabras despertaron sus sentidos. Un estado poco familiar, la alegría, de forma extraña se apoderó de ella. Al fin sería dueña de algo que cuidaría y que no le podrían arrebatar. Ahora tendría su muñeca, esa muñeca que tantas noches le había pedido a Dios desde su inocencia y en total silencio. En su vientre había vida, un sol crecía dentro de ella; era el último regalo de alguien que la quiso más allá de cualquier prejuicio quien se lo había otorgado. Finalmente comprendió que no pudo haberse portado tan mal cuando Dios le enviaba aquella bendición.

Sólo debía esperar un poco y conocería su rostro, podría arroparla en su regazo. Por primera vez vencía a la noche con su risa. Una risa que le devolvió la luz.

****

A partir de entonces, cada domingo en cuanto el sol salía, Leonor iba al cementerio con su ramo de claveles rojos, a ponerlos en la tumba de su difunto esposo. Allí le hablaba de esa pequeña vida que crecía dentro de ella, pasaba largas horas pensando en un nombre, sintiendo que él estaba cerca, le pedía consejos, quería su opinión. Como respuesta recibía una paz inmensa que colmaba todo su ser. Ahora aquel esposo amado era el ángel que la protegía, ella sentía su presencia y su fuerza, animándola a seguir adelante. Con mucha fe en el futuro y con algunos ahorros que había logrado hacer, más las pocas cosas que él le dejara antes de morir, se hizo el milagro y Leonor no siguió prostituyéndose. Desde que supo de su embarazo, había decidido recomenzar el camino que él le había enseñado y decidió volver a cerrar esa puerta, esta vez para siempre. Y ante la tumba de lo único noble y limpio que había tenido en su vida, le prometió a su criatura que no viviría lo que ella.

****

Los meses pasaron, faltaba poco para que llegara el ansiado día del parto y Leonor continuaba fielmente en el inviolable ritual de cada domingo en la mañana.

Éste comenzó lluvioso y a pesar de eso, llegó como siempre ante el estanquillo de la anciana que ya la conocía y le reservaba el ramo de claveles rojos para su difunto. Con sus flores en una mano y el paraguas en la otra, tratando de evadir los charcos y mantener el balance en su estado, llegó hasta la puerta del cementerio, donde coincidió con el auto de un hombre elegante que gentilmente se ofreció a llevarle. Leonor dudó, pero después terminó por aceptar, el agua cada vez caía más fuerte y debía atravesar la mitad del cementerio antes de llegar al lugar. Además, cuando miró a su interlocutor, le pareció que aquel hombre era distinto, tenía mucha experiencia con los hombres y estaba convencida que ya ningún rostro podía engañarle. La llevó hasta la tumba y le pidió que le permitiera esperarla. Le aseguró que no tenía nada importante que hacer, no sería molestia alguna traerla de regreso. Tenía algo que al instante atrajo a Leonor. Y sin saber cómo, se escuchó aceptando la propuesta de aquel desconocido para que la esperara.

El hombre miraba a Leonor mientras se alejaba hasta la querida tumba y permaneció en silencio, observándola, no la perdió de vista ni un instante. Ella regresó enseguida, en su interior estaba feliz al saber que alguien la esperaba, aunque sólo fuera por una vez, aunque sólo fuera para regresarla a su casa.

Cuando se montó de nuevo en el auto, el desconocido la invito a almorzar. Leonor se negó, no lo consideró apropiado, no ese día, quizás en otro momento.

El hombre aceptó sin réplica alguna, no insistió más y para demostrar que en su intención no estaba importunarla, sólo intercambiaron números y la promesa de una llamada. Se despidieron ambos con cortesía pero indiferentes, sin embargo algo quedó en sus memorias, dejando huellas en los corazones.

Pasaron algunos días desde aquel encuentro, Leonor, no quería ser la primera en llamar y el hombre parecía haberla olvidado. Así pasaba el tiempo y ella, de cuando en vez, regresaba a aquel rostro tan amable. Una mañana muy temprano, el timbre del teléfono alertó a Leonor que tenía una llamada. Al escuchar aquella voz tan esperada, con una invitación a almorzar que no aceptaba un no como respuesta, se sintió como una colegiala cuando el chico de sus sueños la saca a bailar por primera vez. Acordaron la hora, Leonor colgó el auricular y corrió en busca de su mejor vestido, quería lucir espléndida, quería cautivar a aquel hombre que después de su esposo, le parecía diferente a todos los que ya había conocido.

Lucía hermosa dentro de su vestido celeste, aún cuando lo avanzado de su embarazo le robaba curvas a su silueta, seguía siendo muy atractiva. Al fin llegó la hora del almuerzo tan esperado, fue una tarde única que se llevó la melancolía que habitaba en ella, dejándole una inesperada esperanza. Fueron transcurriendo los días entre salidas a cenar, paseos por las afuera de la ciudad y los últimos detalles para la llegada del bebé. En medio de esta bonanza, llegó el tan anhelado alumbramiento y ahí estaba su caballero para compartir con ella la alegría. Nació una hermosa niña muy saludable, a la que nombró Jennifer.

Su hija llegó para terminar de cambiar su vida, aquella personita era un sol gigante que vencía a las sombras. Fueron muchas las cosas que cambiaron, la opresión en su pecho, sus miedos, la tremenda soledad... todo pasó a ser borrosos recuerdos, como si de una pesadilla se tratara. Cada día descubría en su pequeña algo diferente que le llevaba directo a una sonrisa, se quedaba mirando por horas a su hijita, disfrutando el saberla sana, fuerte y protegida por ella, que como una leona, vigilaba cuanto rodeaba a la criatura. También fue hermoso ir reconociendo en cada acción, gesto o detalle, con que las colmaba a ambas, los sentimientos de su amigo, que día a día, se acercaba más a ella y a la niña. Una noche, después de haber alimentado a su pequeña, se sentó a descansar por un rato delante de la televisión, mientras aquel buen amigo, le aplicaba un poco de crema hidratante en sus piernas aún hinchadas. Por un momento el detuvo los suaves pero estimulantes movimientos de sus manos, la miró fijamente a los ojos y le pregunto:

- Leonor, ¿te casarías conmigo?

Leonor, con los ojos llenos de lágrimas de emoción y felicidad, aceptó sin dudarlo ni un instante, era todo lo que le faltaba para tener un hogar como Dios manda.

Fue una boda sencilla, sin invitados ni fiesta. Los testigos, dos extraños que encontraron en la calle y la pequeña Jennifer. La madre de Leonor, como siempre, estaba muy ocupada en "sus asuntos", sobre todo después que ya de mayor, andaba drogada en las esquinas. Pero esto no empañó la enorme felicidad de aquel momento. Asumió que la vida le daba la oportunidad de recomenzar, se sentía como la protagonista de una novela rosa, había traspasado el umbral del dolor para descubrir que del otro lado había luz, sueños y realidades muy hermosas, tan bellas como aquella criatura que llevaba en brazos, era todo lo que siempre soñara y quizás mejor.

Pronto llegó el año de Jennifer y le celebró la gran fiesta que ella nunca tuviera. La niña hacía que se despertara en su alma un sentimiento de orgullo infinito, amaba a su retoño con todas sus fuerzas. Y es que la pequeña era muy hermosa, con aquel pelo negro como azabache, sus grandes ojos, tan vivaces que decían tanto con una simple mirada y esa risa, esa risa tan de ella, tan espontánea y contagiosa, la llenaban de una satisfacción inmensa, en su mente no existían palabras para poder explicar todo lo que su adorada hijita despertaba en ella… Muchas veces al día se sorprendía pensando, como si quisiera grabárselo a la fuerza en su cabeza, que tenía el hogar perfecto y una familia única. El pasado era solo eso, pasado, nunca más la tocaría. Sólo que olvidó la nube gris que siempre la había perseguido.

Pocos días después del cumpleaños de Jennifer, la madre de Leonor, falleció de una sobredosis. Ella esperaba ese final, sabía que tarde o temprano una noticia así llegaría, pues a medida que fue pasando el tiempo, aquella mujer deshecha por las drogas y la vida que siempre llevó, se deterioraba cada vez más. Había amado a su madre, aún en los momentos en que sus acciones fueron las más detestables y vergonzosas. Leonor la siguió queriendo incondicionalmente, por eso nunca entendió por qué jamás tuvo respuesta a tanto amor y devoción. Con la muerte de su madre, se cerró un capítulo muy triste de su vida, un capítulo de antaño que la había perseguido sin treguas. Ahora finalmente terminaba. La madre dejó por herencia la vieja casa donde había crecido, aquella casa llena de sombras y tristeza ubicada en lo que fuera un suburbio de South Miami. Y aunque ahora la rodeaban nuevas edificaciones y una cantidad muy grande de diferentes y exitosos negocios, en la época en que la habían fabricado, esa zona estaba considerada de verdad un suburbio, pues el centro de la ciudad quedaba bien distante. Y así quedó apodada, "la casa del suburbio", como si también el inmueble debiera tener un estigma.

En un principio Leonor, se negó a tan siquiera visitarla. Pensó venderla de inmediato; esperaba que al deshacerse de ella quedaría enterrada para siempre aquella horrible noche… aquella vieja historia… Dentro de aquel lugar sólo existieron el miedo, el hambre, sus paredes abrigaban desesperación y malos recuerdos, mucho dolor…

Su esposo la convenció para que no lo hiciera, de aquella casa ya no se le debía ni un centavo al banco, no era un palacio, pero estaba bien distribuida y para ellos tres, no se necesitaba más; había que hacerle muchas reparaciones, eso era cierto, pero indiscutiblemente valía la pena arreglarla y mudarse a ella. Tardaron casi un año en ponerla a valer, desde el sistemas eléctrico hasta la plomería fueron remplazados; pisos, techos, ventanas y baños, llevaron semanas de ardua labor. Para cuando llegó el momento de pintarla, ya Leonor había comenzado a aceptar la idea de vivir en ella, la habían cambiado tanto y se veía tan bonita que sintió no debía temer el regreso.

Apenas pasados unos días de la mudada, Leonor observó en la ventana de la cocina un desgarbado cuervo que la observaba, caviló por un instante y sintió un escalofrío recorrer su cuerpo, se repitió así misma con todas sus fuerzas una frase, como si hubiese entendido el mensaje enviado por mediación de la presencia del cuervo "Nunca más"

CAPÍTULO IV

Una noche su esposo no llegó a la casa. Leonor, por cada minuto que pasaba se preocupaba más. Llamó una y otra vez a su celular pero nunca respondió. Cansada y llena de angustia, se sentó en un sillón de la sala, esperando la peor de las noticias. Su esposo no era de llegar tarde, jamás dejaba de llamarla, ella siempre sabía dónde él estaba. Algo terrible tenía que haberle sucedido para que no se comunicara con ella, sobre todo a esas horas de la noche. La madrugada llegó sin respuestas, tenía una fuerte opresión en el pecho y sentía su cabeza como si le fuera a explotar del dolor que le producía su desespero. Hasta que llegó el amanecer y con él, su esposo. Leonor escuchó cuando introdujo la llave en la cerradura y corrió a recibirle. Su sorpresa y desconcierto fueron inmensos, al ver allí en su umbral a un hombre todo desaliñado y tambaleante, dueño de una profunda borrachera. Quedó atónita, nunca antes lo había visto así. No hizo preguntas, sólo se apresuró a sostenerlo para que no cayera al suelo. La respuesta del hombre hacia la ayuda que ella intentó brindarle fue un fuerte empujón, que de no haber sido por la puerta que la sostuvo, la habría tumbado al suelo. Leonor sé incorporó, una vez más hizo el intento de socorrerle, entonces él le respondió con un fuerte golpe en el mentón seguido por otros golpes que terminaron partiéndole los labios. La pobre mujer no daba crédito a lo que sucedía. Cayó al suelo y allí permaneció quieta, mientras veía a su esposo alejarse dando tumbos a la habitación. Una vez que él se fue, se levantó, cerró la puerta de la calle y se dirigió directo al cuarto de baño, cerrando con seguro; quedó espantada cuando vio su rostro en el espejo, tenía los dos labios partidos y varios moretones en la cara y la mandíbula. Todo el cuerpo le dolía, Del botiquín saco un frasco de aspirinas, se tragó dos con un trago de agua del grifo y tomó una ducha rápida. Sólo pensaba en su hija, en lo demás no podía porque aún no salía de su asombro y desconcierto, ahora lo principal era que Jennifer no la viera así cuando despertara y tener bien pensado qué le diría si la niña le preguntaba algo.

Cuando salió del baño todo en la casa estaba en absoluto silencio, se dirigió al cuarto de Jennifer y comprobó que dormía como un ángel. Eso le permitió intentar organizar, aunque fuera un poco, sus desordenados pensamientos, lo primero fue tratar de comprender que era lo que había ocurrido en realidad, su esposo no era de esa clase de hombres violentos que abusan de sus mujeres, todo lo contrario, siempre había sido extremadamente considerado y respetuoso, todo un caballero con ella y con su hija, a la que atendía y mimaba como si fuera de él. Algo terrible debió haberle sucedido. Seguro cuando despertara, estaría avergonzado y le daría una muy buena explicación y nunca más pasaría algo así. Con esos pensamientos se fue hasta la cocina, prepararía una sopa con bastantes condimentos, su esposo la necesitaría cuando despertara, para soportar la resaca de aquella mala borrachera. Estaba tan ensimismada en la cocina, que no se percató que ya él se había despertado, saliendo de la habitación y parándose detrás de ella. Antes que pudiera reaccionar y defenderse de alguna forma, la empujó contra una de las paredes de la cocina donde sin clemencia comenzó a golpearla una vez más. De nuevo Leonor estuvo en el suelo, el hombre dando gritos y profiriendo amenazas agarró la cazuela que estaba en el fogón, lanzándola por el aire y regando su contenido por cualquier lugar. Con el escándalo, la pequeña Jennifer se despertó muy asustada y entre llantos y temblores, corrió en busca de su madre, a la que se abrazó buscando refugio.

El hombre, como al que nada le importa, salió por la puerta cerrándola con violencia detrás de él y dejando la casa hecha todo un desastre. Leonor una vez que se fue, corrió a recoger el reguero. Mientras trataba de consolar a su hija, al mismo tiempo que despegaba fideos de las paredes y el piso, pensaba que sus días de felicidad se estaban empañando. Luego de haber sido acariciada por la luz, no podía creer que la obscuridad venía a apoderarse de su vida nuevamente. Sintió como el aire se tornaba denso, y cuestionaba a Dios porque sólo le había concedido una tregua. Ahora se llevaba nuevamente a sus ángeles, dejándola a merced del terror. Lo que había temido en un principio ya casi era realidad, volvían los recuerdos miserables a su mente, las reparaciones y la pintura no habían logrado que aquellos desaparecieran tan fácil, estaban retornando con la intención de quedarse una vez más.

Pasaron varios días y Leonor continuaba sin saber cosa alguna de su esposo. Había desaparecido sin dejar rastro y sin que alguien pudiera decirle dónde podía estar. Fueron días de sentimientos encontrados, en los que ella sentía que su corazón y su mente no paraban de discutir. La razón no ayudaba a los sentimientos porque todo era confuso, tremendamente triste e ilógico y los momentos terribles se desdibujaban, cuando a la memoria llegaban todos los que de felicidad había conocido junto a él.

Ya pensaba que se había marchado para siempre, cuando una noche sintió el sonido de la cerradura y la puerta que se abría. Ella, que ya estaba acostada, se levantó de un salto y llegó a la sala un poco asustada para encontrarse a un hombre cabizbajo, pálido y bañado en lágrimas que repetía una y otra vez:

- Por favor perdóname. ¡Me tienes que perdonar!

Un mundo de ternura despertó en el corazón de Leonor que corrió hacia él sin dudar y lo abrazó muy fuerte. Luego de unos instantes en que los besos y las caricias reafirmaron el perdón, el hombre le explicó a Leonor que la noche en que había actuado de aquella manera tan injustificada y abusiva, lo que había sucedido era que unos amigos, o mal amigos realmente, le brindaron heroína y como nunca había consumido drogas, quiso experimentar. Quería saber que se sentía y probó a usarla. Estaba seguro que la reacción en su cuerpo era quien lo había enloquecido. Había sido una reacción al narcótico, insistió. Siguió diciéndole que cuando huyó de la casa aún no estaba consciente de lo que hacía, fue en busca de otros amigos que lo recibieron y atendieron hasta que pasaron aquellos efectos desastrosos. Luego, no supo encontrar la forma de cómo enfrentarse a ella, regresar a casa significaba darle una explicación y sentía que no existía algo que pudiera decir que lograra que ella lo perdonara, porque era preso de una gran vergüenza. Le juró a Leonor que nunca más sucedería, le aseguro que jamás le daría otra razón para llorar o temerle y que no se arrepentiría de perdonarle. Leonor enamorada, aceptó todas aquellas palabras, sintiendo como su corazón se aliviaba...

  La armonía de la pareja regresó, al igual que la paz en aquel hogar. El tiempo pasaba y ellos se entregaban a su vida cotidiana como si no hubiera sucedido algo. El esposo perdonado, llegaba con pequeños detalles para alagar a Leonor y a la niña, siempre estaba bromeando, sonsacándoles las sonrisas, intentaba por todos los medios que aquella desagradable experiencia quedara borrada de sus memorias y en realidad, todo parecía olvidado, Leonor por su parte, se desvivía por mantener su vida y la de su familia en la mayor estabilidad posible. Estaba tan preocupada por lo que aquellos momentos de susto, pudieran haberle causado en la mente a Jennifer, que intentaba que la pequeña compartiera la mayor cantidad de tiempo posible con ambos, de forma que no resintiera de la presencia de ninguno. Una de esas mañanas en que todos estaban en casa, surgió la típica pregunta de ¿qué se almuerza hoy? Y a pedido del esposo, acordaron que comenzarían con una sopa de ternillas de res; a él le gustaba mucho y sin dudas a Leonor le quedaba excelente. Jennifer dormía, así que no la llevó consigo cuando salió a comprar los ingredientes.

  Estaba camino al mercado cuando a pocas cuadras, Leonor recordó que se había dejado el monedero en otra cartera, por lo que se vio obligada a regresar. Al llegar a la casa y abrir la puerta, escuchó que Jennifer gritaba aterrada. Corrió en busca de su hija y quedó horrorizada cuando vio a su esposo sin pantalones, tratando de introducirle el pene en la boca a la niña. Sin dudar ni un instante, agarró un jarrón que decoraba esa parte del pasillo hacia las habitaciones y con todas sus fuerzas le golpeó la cabeza con él, haciéndole perder el sentido. Revisó de inmediato a la criatura, comprobando que aún tenía su pantalón puesto y a pesar de estar embarrada de semen, no parecía haber sido penetrada. Salió de la casa con un terror que le daba velocidad a sus piernas, era el temor a las reacciones que pudiera tener aquel hombre cuando despertara. Un vecino que había escuchado los gritos de la niña y que la vio salir en esas condiciones, comprendió que algo malo sucedía y le salió al encuentro, obligándola prácticamente con un empujón, a que entrara en su casa y diciéndole al mismo tiempo que no temiera, que ahí estaría segura. Con voz muy agitada Leonor les contó al vecino y a su esposa lo sucedido y de inmediato se llamó a la policía que no demoró en llegar, encontrando al hombre aún sin sentido, en el suelo.

En el proceso de la denuncia y los cargos, Leonor se enteró que el hombre que hasta hacía sólo unos días fue su esposo, tenía un largo historial criminal que había sabido ocultar muy bien. Sus delitos se repetían en cargos por violencia doméstica, molestar a menores de edad, drogas y un rosario de otros actos delictivos. Bajo aquellas circunstancias, hubo que someter a Jennifer a diferentes exámenes médicos pero al final, recibió la buena noticia, la pequeña no había sido violada, al menos no de la manera que Leonor pensaba.

Con aquella nueva experiencia, Leonor se enfrentó a otros retos y temores. Ahora debía proseguir no sólo por ella, estaba su hija, a quien tenía que dedicarle todas sus fuerzas. Sabía que era difícil, se sentía una vez más arrojada a la tempestad sin refugio ni salida pero la pequeña Jennifer, que apenas tenía 3 años y era la luz de sus días, no debía padecer por culpa de sus decisiones. Tenía que, a partir de ese momento, hacerse el firme propósito de eliminar de las vidas de ambas cualquier situación que entorpeciera sus futuros; estaba convencida que el primer paso era no volver a tener relaciones sentimentales con ningún otro hombre, criaría a su hija ella sola, le daría a esa niña la preparación que le fue negada a ella, sería independiente. Así que una vez que se terminaron todos los procesos en que estuvieron envueltas por culpa de aquel infame, Leonor comenzó a buscar trabajo y a hacer los trámites para matricular a la pequeña en un centro para párvulos.

Consiguió trabajo como camarera en un restaurante de Miami Beach. Se las arregló para lograr que le dieran el horario de día, así podía llevar y recoger a Jennifer sin tener que depender de alguien, después de todo lo que había sucedido, no quería involucrar a ninguna otra persona con su hija, no importaba ni el sexo ni la edad que tuviera.

Lo cotidiano volvió a su orden regular, era la vida que seguía su curso inexorable. Trabajaba de lunes a viernes, regresaba a casa con su hijita, hacía los deberes del hogar y los fines de semana, salían a parques y playas procurando siempre darle a la niña todos los gustos posibles pero sobre todo, le expresaba constantemente su cariño, ella sabía lo que fue crecer sin un gesto de amor, su hija tendría todos los te amo que fuera capaz de decir y mucho más.

En el trabajo las cosas no podían ir mejor, los dueños del lugar le respetaban los horarios, tomando en consideración a su pequeña; las propinas eran buenas y muchas veces hasta le permitían llevarse algunas comidas para su casa. Esto era un alivio en su economía, la cual había aprendido a administrar muy bien. Sus compañeros de trabajo, también eran personas amistosas y dentro de ellos, se destacaba María, amable y colaboradora, era la que más le había ofrecido su ayuda si alguna mesa o cualquier otra circunstancia la demoraba y ella debía salir para buscar a su hija, o si había horas extras y debía llevar a la niña con ella. En los momentos de descanso, aprovechaban y charlaban, tenían muchas cosas en común, desde el gusto por los colores hasta temas como la soledad y la lucha por la supervivencia. Pronto se vieron saliendo juntas para ir de tiendas, compartiendo ideas y hasta llevando a la niña a la playa, María se convirtió en su amiga inseparable. Era la única amiga que había tenido desde que tenía uso de razón.

La historia de María no era muy diferente a la de Leonor, había sufrido mucho desde su niñez y sólo conocía al llanto y a la traición como compañeros de vida. De sentimientos nobles, era incapaz de un exabrupto. Paciente y discreta, adoraba a Jennifer con la que jugaba y se entretenía por horas. Para ella, haber sido aceptada en el estrecho círculo de aquella madre con su hija, era un regalo que la vida le daba, pues además de toda la soledad y la tristeza que siempre le habían salido al paso, estaba todo lo que había sufrido socialmente por sus preferencias sexuales. Ella era lesbiana, no lo proclamaba a los cuatro vientos porque la sociedad no veía con buenos ojos un sentimiento como ese; ella fue sincera con su amiga y no se lo ocultó.

Aquella amistad entre ambas mujeres se había afianzado tanto que sin apenas darse cuenta, los sentimientos de María se convirtieron en algo mayor, enamorándose de su amiga. Leonor por su parte, la veía como a la hermana que nunca tuvo; en ella encontraba comprensión, seguridad, era alguien con la que podía hablar sin tabúes ni miedos. Sentía mucho afecto por ella pero ningún otro sentimiento despertaba aquella amistad que cada día crecía de forma tan espontánea. Una tarde en que las dos salieron juntas del trabajo y estaban caminando en dirección al área de estacionamientos donde Leonor dejaba su auto, María comenzó a hablarle de la soledad de ambas, de lo vana que era la vida sin una ilusión, sin un estímulo, hasta que después de varios rodeos terminó confesándole a la amiga sus sentimientos, no sin antes rogarle que la perdonara por sentirlos y que por nada en el mundo quería perder su amistad. Leonor nunca se había imaginado en una relación lésbica y así se lo hizo saber, aclarándole que esto no cambiaría en nada el cariño que se tenían y que aunque era algo que no esperaba, tampoco se sintió ofendida ante aquella confesión. Se dieron un fuerte abrazo, despidiéndose hasta el día siguiente, cuando se encontrarían de nuevo en el restaurante.

María sentía un alivio muy grande, al fin se había decidido a ser honesta con su querida amiga, la amaba sí, eso era ya un motivo de vida para ella pero no quería perder la amistad y el afecto de aquellos dos seres que tanta alegría le habían traído, por lo que se juró que ese punto no volvería a tocarse.

Leonor por su parte, aunque pensó varias veces en el tema mientras conducía, no sintió malestar alguno por la confesión de su amiga y hasta sonrió al recordar la actitud cohibida con que le habló.

****

Las actividades de fin de semana hechas entre María, Leonor y la pequeña Jennifer, ya eran rutina. En las mañanas de domingo estaban los desayunos, luego algún lugar de la ciudad donde ofrecieran atracciones adecuadas para la edad de la niña y en las tardes, la mayoría de las veces cine o la renta de una película que compartían en la sala de la casa, haciendo las delicias de la menor de las tres, que le encantaba ese tiempo compartido con las dos mujeres.

En uno de esos domingos, fueron desde muy temprano a una finca bien al sur de la ciudad, para que Jennifer montara caballitos ponis, estuvieron casi hasta el medio día pero se vieron forzadas a suspender el plan campestre porque el clima varió y comenzó a llover. Antes de regresarse a la casa y a modo de consuelo a la pequeña que no quería dejar a su caballito, almorzaron en uno de los lugares preferidos de la niña y ya cansadas pero satisfechas, retomaron el regreso. Por el camino la pequeña se durmió, así que al llegar, Leonor la llevó en brazos hasta su camita.

Cuando se reunieron nuevamente en la sala, las dos amigas pudieron sentir como de un segundo a otro se había desatado una lluvia fortísima. María tendría que esperar para irse, pues el agua caía cada vez con más fuerza y los relámpagos surcaban el cielo seguidos por el retumbar de truenos que parecían estrellarse contra el tejado. A pesar del estruendo, Jennifer seguía dormida profundamente en su cuarto, el cansancio de aquella mañana fue mayor que el ruido de la tormenta que no hizo mella en su sueño. Leonor temblaba de pavor cada vez que uno de aquellos rayos quemaba el oxigeno que encontraba en su camino. Llena de miedo, tomaba entre sus manos las de María que sentada a su lado, trataba de tranquilizarla. La asustada mujer intentaba encontrar refugio y seguridad en los brazos de la otra y en un momento determinado, le confesó que le tenía pánico a las tormentas.

Cuando María, que no estaba ajena a lo que pasaba, sintió los temblores de su aterrada amiga, se sentó de forma que ésta se pudiera acurrucar en su regazo. Inmediatamente Leonor se abrazó tanto a ella que podían ambas respirar el olor de la piel ajena. Entonces, con el sonido de aquel torrencial aguacero como música de fondo, María, teniendo por primera vez tan cerca el cuerpo deseado de Leonor, con un movimiento pensado más de una vez, acarició los brazos de la chica y con un tono entre broma y en serio le dijo:

-Se te ha puesto la piel de gallina. ¡Mira cómo estás!

- Ya te lo dije, siempre le he tenido mucho miedo a las tormentas -contestó Leonor, mientras seguía temblando y se acurrucaba más en el pecho de su amiga.

María disfrutaba el momento, bendijo a la tormenta que le permitió sentir el calor de aquel cuerpo y lanzándose a una acción de la que quizás después pudiera arrepentirse, movió la mano con la que antes acariciaba el brazo de Leonor, llevándola hasta su barbilla, levantó el rostro de la asustada mujer dejándole los labios a sólo milímetros de los suyos. Entonces, mirándola fijamente a los ojos, le susurró:

-Tranquila, no te pasará nada, yo estoy aquí para cuidarte.

Y sin que mediara algo más, la besó. Al principio fue un beso suave, delicado, pero cuando tuvo conciencia del sabor de aquella boca deseada entre sus labios, todo se tornó en pasión, sintiendo desde muy dentro de su cuerpo la deliciosa sensación de la conquista. Leonor no hizo un solo gesto, no intentó decir ni una palabra, solo se dejó besar, relajando cada músculo de su cuerpo, mientras aquel beso continuaba.

María se percató de la aceptación, podía sentir que la otra disfrutaba lo que estaba sucediendo y se atrevió a ir más allá. Sin dejar de besarla, desabotonó la blusa de Leonor y comenzó a acariciar sus pechos, a rozar sus pezones con las puntas de sus dedos, a recorrer su vientre. Llegó el momento en que fue Leonor quien no pudo desobedecer las órdenes que sus carnes le enviaban, llevó una de sus manos hasta el botón que cerraba su pantalón, abrió el ojal dejando libre el camino hasta la cremallera que se abrió para mostrar la entrada de su pubis y tomando firmemente una de las manos de María, la guió hasta el centro de su intimidad, para que sintiera la humedad provocada por el beso.

Fue aquel atrevimiento el detonante del destino, ya ninguna de las dos pudo detenerse. Se liberaron los cabellos de las hebillas que los ataban, las ropas sobraron en sus cuerpos, el sofá se hizo pequeño y cayeron al piso. Bajo la luz de los relámpagos se fundieron sus labios, sus pechos, sus vaginas. Ninguna de las dos dijo una palabra, solo se miraban pidiendo más de aquello que sentían, Leonor apretaba los dedos de María entre sus piernas y gemía, María mordía los pezones de Leonor y lanzaba plegarias a la lluvia. Por cada uno de los truenos se contorsionaba una cintura, se abrían mas las piernas de cualquiera de ellas, la tormenta dominaba lo prohibido, hasta que explotó la tarde dentro de aquella sala. Ya no importó la lluvia ni la luz de los relámpagos. Desnudas contra el tiempo y la vida siguieron entregándose, amándose como nunca habían amado, hasta que de las dos brotó el caudal definitivo, el resumen de aquellas pasiones, fundiéndose los líquidos y los gemidos, haciendo de dos cuerpos uno solo. Entonces llegó la calma, cesó la lluvia y se abrió el cielo, saliendo de nuevo el sol, María y Leonor quedaron allí en el suelo acariciándose mutuamente, sumidos los dos cuerpos en el letargo que producen los orgasmos.

Aquella tormenta se había ido como había llegado, de repente, para marcar el destino de aquellas dos mujeres.

No fue esa la única vez en que se entregaron al placer del sexo María y Leonor, después de aquella tarde, comenzó entre ellas un nexo diferente, complicidad mágica que las encaminó hasta una relación estable. Se convirtieron en una pareja regular pero tenían que cuidar de las apariencias, más bien por Leonor y por la niña; no podían arriesgarse a ser cotilleo público, vivían en una sociedad que no aceptaba esa forma de compromiso y sólo una minoría entendía este tipo de relaciones.

Para Leonor tampoco era fácil que Jennifer lo supiera, una inocente indiscreción por parte de la niña en la escuela o en cualquier otro lugar, era un riesgo que no querían corre, así que optaron por no decirle. Eran felices y era eso lo que importaba. Después de tantos embates se sentía segura; María le había demostrado que podía confiar en ella.

Fueron pasando los años y la armonía que existía en aquella familia no se alteraba. La niña adoraba a María, a la que también llamaba mamá. Tanto Leonor como su pareja, continuaban siendo amigas entrañables, algo que usualmente se olvida cuando la rutina se establece. Y Jennifer se fue convirtiendo en toda una señorita. Era una joven hermosa, con gran personalidad e independencia y muy segura de sí.

Capítulo V

Dentro de Jennifer habitaban dos mundos, en las noches sentía un miedo inexplicable a la oscuridad y su temor era a tal extremo que necesitaba sentir las manos de su madre o de María entre las de ella hasta que el sueño lograba vencerla. Pero por el día era luz, fuerza, vida y seguridad. Desde la salida del sol se sentía capaz de realizar cosas asombrosas, como sí del terror de la noche naciera una reina capaz de enfrentar la vida sin el menor titubeo.

La pobre joven luchaba cada noche contra seres fantasmagóricos a los que ella llamaba zombis, imágenes de rostros sin una vida real ni voluntad que sin embargo la dominaban por completo. Su temor mayor consistía en cerrar los ojos porque al hacerlo, casi agonizaba de miedo. Esto era un secreto callado, no quería que se supieran sus temores a la noche porque estaba segura que si alguien se enteraba, la tildarían de loca y su orgullo no podría permitirlo, Pero a su vez necesitaba hablar de esto, sentía que ese secretó la asfixiaba, por lo que decidió comenzar a escribir lo que cada noche vivía en sus sueños, en un diario que aprendió a guardar celosamente. Por seguridad, cuando escribía sobre ella, optó por nombrarse Aldreda.

Cada amanecer, se apresuraba a buscar el diario. No quería

omitir detalles de lo que viera, sintiera o escuchara en sus sueños, por lo que debía escribirlos de inmediato no fuera a ser que con el ir y venir del día olvidara algo.

Una mañana de diciembre se quedó dormida porque había tardado mucho en poder conciliar el sueño en la noche anterior. Se levantó de prisa y como cada día, buscó su diario para escribir en él. María la llevaría esa mañana a la escuela y desde la cocina la apuraba, llegarían tarde si continuaba demorándose, le reprendió. Con el apuro a Jennifer se le olvidó el diario sobre la cama, cuando salió corriendo al encuentro de María que ya la esperaba en la puerta con las llaves del auto en una mano y un vaso de leche en la otra. En un tono de voz serio, pero con la mirada más tierna del mundo le reclamó:

- Pero criatura, ¿qué tienes hoy? ¿Acaso no vez la hora qué es? Tómate esa leche de prisa y vamos que por más rápido que trate de ir, ¡Vamos a llegar tarde!

****

Cuando María regresó, de inmediato se puso a acomodar las cosas de la cocina. Leonor y ella tenían el acuerdo de compartirse, según los horarios de trabajo, las responsabilidades de la casa; así que ese día le tocaba a ella hacer el lavado de la ropa de cama.

Al terminar en la cocina, se fue directo a la habitación de Jennifer para cambiar las sábanas y encontró el diario abierto sobre la cama. En un principio lo agarró con la única intención de guardarle pero luego de unos segundos, la curiosidad por saber que era lo que Jennifer escribía fue mayor que su discreción. Le llamó mucho la atención descubrir que la jovencita tuviera uno; jamás la había visto escribir en él y ni tan siquiera recordaba que les hubiera mencionado algo sobre el tema.

Maria adoraba a Jennifer, la había visto crecer y para ella era como la hija que nunca tuvo. Cuando llegó el tiempo de la pubertad en la chica, la pobre mujer había sentido angustia por el hermetismo de Jennifer, era una chica de carácter recio pero de poco hablar. Nunca había logrado saber qué pensaba y eso le preocupaba. Estaba en una edad difícil y por experiencia, María sabía que muchas cosas pueden angustiar a los jóvenes en ese tiempo y la mayoría de las veces, al no entenderlas o no encontrar respuestas, llegan a refugiarse en drogas, alcohol o malas compañías y ni ella ni Leonor querían eso para Jennifer. Por lo que olvidó los quehaceres y se dedicó a leer las páginas del diario que le revelaron grandes secretos de su niña querida.

Las primeras letras del diario sorprendieron más de lo esperado a María.

Hoy me nombraré a mi misma Aldreda, estas páginas nunca conocerán mi nombre. Mi raíz ha sido quebrantada por el daño y la mentira. Los tiempos han vertido sobre mí su ira. Desciendo de la podredumbre donde la violación, la lujuria y la ficción arrastran a la esperanza.

He sido objeto de odio y alejada de la honra. En mi mundo se perdieron las flores. Habito con zombis que se me acercan en las noches a gritarme que estoy muerta y no merezco el cielo. Y les creo cuando hablan, porque sobre mi cabeza gravita una nube gris que se ha negado a irse del hogar de mis ancestros, donde hoy vivo. Esa nube sólo yo la veo, por más que quiera explicarle a los demás de su existencia, segura estoy que no lo creerían, alegando que es frutó de mi imaginación. Por eso permanezco en silencio, aún cuando la veo crecer cada día...

María estaba sobrecogida, un frío recorrió todo su cuerpo, helándole el alma. Aquellas letras no eran simples palabras, eran mucho más que eso. Con manos temblorosas sostenía el diario. Ahora estaba segura de estar haciendo lo correcto. Necesitaba saber más sobre esos pensamientos escondidos que estaban dentro de la mente de su querida niña. Así que continuó leyendo.

La muerte camina a mi lado, a cada paso que doy ella va aferrada a mí. Tengo un temperamento fuerte, por eso he podido vivir con ella, con su indignado rostro al no poder dominarme. Porque aunque le temo, no ha podido vencerme. Me gustaría escribir una crónica diferente, pero todos estos años la desdicha ha seguido a mi estirpe y yo no puedo esperar que conmigo sea diferente. Mis primeros recuerdos infantiles se remontan a un hombre con su pene en mi boca...

Al María leer estas líneas, palideció, perdió la respiración. Leonor le había contado una vez este suceso, pero daban por seguro que

Jennifer no recordaba ese momento; de pequeña nunca había hablado de aquello. Por eso llegaron a creer que no lo recordaba. Ahora esas letras demostraban lo contrario. María no podía parar de leer.

... en esta obscura casa llena de neblinas, donde los árboles del jardín aplaudían al hombre que me manoseaba, lo único que me separaba de ellos era una pared de ladrillos. Siempre que entro a mi casa, cuento sobre todo, los cuatro escalones que me llevan a la salida y la pared que me separa de los árboles. La pared que no pude atravesar aquel día y los escalones que debí haber cruzado para escapar de aquel zombi/hombre.

Veo la vida siempre igual, es un ángulo muy grande con muchas ventanas vestidas de arcos de zombis remotos. Es una sólida estructura donde sólo el más fuerte permanece en ella. Tiene puertas macizas que no todos se atreven a cruzar y yo me siento atrapada en sus paredes, necesitando sucesos distintos que me motiven a continuar. Hoy creí encontrar ese suceso. Tiene el rostro de una niña. Está en las cuadradas paredes de mi aula, me hace ansiar los recesos para poder compartir con ella y sentirme feliz. Cuando la miro o sin querer la rozo, siento que es mi camino, aún cuando no logro entender por qué. Me gustaría entender los detalles de mi carácter. Si es que éstas tentaciones las sienten también otras chicas de mi edad o simplemente soy víctima de un misterio que tan sólo habita en mis visiones…

Mis deseos hacia ella tienen alas, por lo que logro subir y bajar sin que lo note. A veces sé que tengo ideas precisas de acuerdo a lo que siento y me abrigo en un mundo infinito de sueños, donde logro establecer con precisión un cielo azul alejado de la noche. Sólo que después de tan ardua agonía, siento náuseas, comprendiendo así que mis sentidos me abandonan. Entonces veo labios que me confunden en un zumbido indeterminado, más mis oídos registran las palabras. Es la sentencia a muerte por el pecado de sentirme atraída por una chica y no un varón.

María estaba estupefacta, jamás imaginó confesión igual. No veía nada de malo en ello, excepto por una sociedad que no aceptaría a su niña y sería capaz de hacerle mucho daño. El mismo daño que ella sufriera en su carne, y eso, eso no lo quería para su Jennifer...

Cuando escribo me siento desatada, me permito sentarme y escuchar mis palabras aunque muchas veces no encuentro las respuestas, pero logro penetrar mi fantasía haciéndola realidad. Reflexiono entonces en todo aquello que veo y voy descendiendo en mi espíritu. En mis luchas y en un súbito movimiento, mi espíritu vence los temores que me guían, ganando una vez más mi corazón en su latido.

Jennifer continuaba narrando sensaciones y pensamientos reprimidos, María pasó unas cuantas hojas del diario acercándose a fechas más recientes. Fechas que pudieran hablarle del ahora de Jennifer con más exactitud, y así llegó a estas líneas...

Hasta éste momento no había sentido el amor, mis ojos no conocían su color, ni mis labios su dulzura. Estaba de espaldas a un mundo atado por cadenas y por más que extendía mis manos intentando atrapar alegrías, lo único que alcanzaba eran angustias e inseguridad que caían pesadamente a mí alrededor. Cuántas veces le pregunté al tiempo si se había percatado de mi existencia. Cuántas veces no cerré fuertemente mis ojos porque no me atrevía a observar lo que me rodeaba, por ser tan tenebroso. Pero hoy abrí mis ojos y mis peores suposiciones se desvanecieron. Me quedé inmóvil, me dejé amar. Era importante en la vida de una chica, en la vida de mi amada Anabel, tantos años la amé en silencio, la veía prohibida. Hoy supe que ella me veía igual, nos hemos amado desde niñas con la verdadera pureza del amor. Tenía la impresión que lo que sentía era sólo una terrible idea, que era algo ficticio, totalmente incompatible con la realidad.

Siento la sangre como se agolpa con furia en mi corazón.

Ahora estoy muy confundida, no por Anabel porque de mis sentimientos estoy segura. Sólo qué no se cómo decirle a mi madre, ni a María, tal vez ella me entienda, pero mi madre no lo creo. Hoy estoy muy exhausta para reflexionar acerca de esto. Lo único que cuenta es que hoy soy feliz.

Las lágrimas bañaban el rostro de María, ¿quién mejor que ella para entender lo que su Jennifer sentía? Recordaba su primera vez, mientras leía. Cuán difícil fue para ella enfrentarse al proceso de querer ser aceptada, en especial por parte de su madre. La sociedad nunca le importó. Pero su madre era otra cosa. Cuando María comprendió que era lesbiana, se negó a la idea y luchó con todas sus fuerzas para que no fuera así. Salió con chicos una y otra vez, pero cuando la tocaban se sentía asqueada; aún así, lo intentó muchas veces, más que todo para complacer a su madre, hasta qué finalmente entendió que eso no era posible y decidió hablar con ella. Para ese tiempo había conocido a una chica que le gustaba mucho y que no quería perder. Corrió donde su madre buscando su apoyo y la respuesta que obtuvo no fue la esperada, su única reacción fue echarla de la casa, por considerarla una vergüenza para el buen nombre de su familia. Ahí se vio María en la calle, dando tumbos sin norte ni sur. Se sumergió en las drogas, fue el único consuelo que encontró para su pena. Perdió a la chica amada, pues su familia al enterarse la llevaron muy lejos, tan lejos que María nunca más supo de ella. Ahora su Jennifer atravesaba por algo igual, sólo que ella no le daría la espalda y estaba segura que Leonor tampoco. Pero, ¿cómo decirle a Jennifer lo que había descubierto? La joven no podía saber que había leído su diario y mucho menos que conocía sus secretos. Eso no se lo perdonaría nunca, jamás volvería a confiar en ella y eso no lo podía permitir. Por lo pronto, seguiría leyendo el diario y después pensaría en una solución.

María entre lágrimas y recuerdos, continuó leyendo a pesar del dolor que sentía. Ahora no podía detenerse, quería saber más de los sentimientos y pesares de Jennifer:

.... Diario, sé que quizás tampoco entiendas muchas de mis confesiones, aún cuando con mis letras le he dado vida a tus hojas muertas; hoy te he regalado la más inmensa de mis alegrías, haciendo así sonreír tus cansadas páginas, donde tantas veces se perdieron mis sombrías ganas de luchar y vivir, hoy le he dado frutó a tus líneas, por fin florecen amapolas en tu cuerpo y puedo impregnar en ti un dorado canto que yacía olvidado en mis angustias. Para ser un simple libro encuadernado, guardas mis más íntimos secretos, excepto mi nombre, que juré nunca revelarlo por temor a que un día me traiciones, por eso para ti, solo soy Aldreda y nada más.

He aprendido a comprenderte al igual que tú a mí. Al menos así lo siento. Los libros a veces son burlados por lectores ineptos que no alcanzan a entender el mensaje que encierran sus páginas, son criticados por aquellos que desconocen el significado de una metáfora. Al igual he sido criticada y burlada por no ser igual a los demás, por mi diferencia con aquellos que se consideran superiores y me tildan de loca por ser una incansable soñadora… al menos esto tenemos en común. Por ello, amo acariciar tu cuerpo con mi pluma y dejarte cada uno de mis sentimientos tal cual los profeso en el momento, porque yo no te critico y sé que tú tampoco lo harás. Vivimos en una paz profética que habita en estas paredes rosas que visten mi cuarto y que también es tuyo desde el día en que aceptaste ser mi confidente.

Ahora te confieso que más allá del gozo que me ha dado la alegría de saber que soy amada por Anabel, no puedo negar el sentir miedo. Es un miedo extraño. Nunca creí que me importara el decir que amo a una mujer pero es un anuncio serio, por eso te pregunto, tú que ya no eres tan joven y llevas en tus hojas algo de experiencia, ¿Cómo debo hacerlo? No quiero que me guíes a un rincón sucio y obscuro, envuelto en telarañas, en medio de una humedad no concebida. Sólo quiero que me ayudes en esta transición, que me ayudes a mostrar mi verdadera persona y condición. Tengo un espíritu cargado de pasiones. Tú mejor que nadie lo sabes. Aunque a veces parezco un poco torpe, excesiva cuando amo, excesiva cuando odio. Pero por ello no dejo de ser mujer.

Siempre he vivido sumida en mis fantasías, es algo que sin querer me atrae. Pero sabes que soy firme en mis decisiones, por lo que sin importar qué pase, no voy a retroceder. No sé sí exista alguien más obstinada que yo, después de haber pasado por el fuego. Bueno si, tú, que aún a pesar de los años continúas soportándome. Cuando me encontré a mi misma y supe quien era en verdad, me repetí que era imposible, pero una vez concebida la idea, me acoso noche y día, aún cuando no persigo ningún propósito, lo único que sé es que alcancé la cumbre más alta del despeñadero, con la perfecta arrogancia de la razón.

A veces siento que sin querer he perseguido los pasos de mi madre, es lo que usualmente se hace, quizás debí ser más prudente y no hacerlo pero a la vez siento que ha sido tan sólo mi decisión sin ninguna influencia ajena, sin arraigarme a la idea de lo que el hombre convencional piensa de lo que Dios pretende y obliga a hacer. Me siento que no he seguido un camino preconcebido, tomando como base los propósitos de nuestro creador.

De repente María sintió la puerta abrirse, estaba tan ensimismada en aquella lectura que no se percató de la hora. El tiempo pasó rápido y aún no había hecho las labores que le correspondían, la casa estaba en un perfecto desorden. Leonor, que fue quien llegó, quedó extrañada al ver la sala desordenada que aún estaba sin barrer y las pantuflas que ella sin querer, dejara olvidadas al pie del sofá, continuaban en el mismo lugar. Todo estaba lo mismo que cuando ella salió en la mañana temprano. La preocupación ensombreció su rostro. Algo debió sucederle a María para que todavía a esas horas, la casa se encontrará en aquellas condiciones, por lo que comenzó a llamarla con voz angustiada. Después de gritar su nombre varias veces, María respondió con voz no muy audible desde el cuarto de Jennifer. Leonor encaminó sus pasos con prisa hacia la habitación, tropezando con la escoba que se encontraba junto al cubo de agua que María pretendía utilizar en la limpieza de la casa, antes de detenerse a organizar el cuarto de Jennifer. Cuando Leonor entró en la habitación, encontró a María sentada al borde de la cama de Jennifer que también continuaba desarreglada. Ni tan siquiera había clasificado la ropa por colores para echarla a lavar, ni cambiado las sábanas… María la miró con unos ojos tristes, hinchados de tanto llorar, estaba visiblemente emocionada. Leonor asustada, corrió hacia ella y le pidió que le explicara qué sucedía. María le indicó con su mano que se sentará a su lado. Leonor obedeció y María comenzó a contarle todo lo que había leído en el diario de Jennifer, cosa que también tomó por sorpresa a Leonor que nunca supo de la existencia del diario y menos aún, de los sentimientos de su hija. Jennifer había sido muy cuidadosa, al grado que sí María no se lo estuviera contando y el diario existiera para confirmarlo, ella jamás lo hubiese creído.

Después de una larga conversación, ambas mujeres permanecieron en silencio. No tenían ni la más remota de las ideas en cómo enfrentar este dilema que se les había presentado. Leonor pensaba en cómo le podría decir a su hija que no debía enamorarse de una mujer, cuando ella desde ya hacía muchos años vivía con una, que incluso le había ayudado a criarla. Por otra parte, no quería que Jennifer sufriera y tampoco podía saber que ellas tenían conocimiento del diario. Sería traicionar a María y a su vez, perder la confianza de Jennifer. Conociéndola, sabían que ella jamás les perdonaría el que hubiesen violado de esa manera su intimidad. Por lo pronto, se apresuraron a recoger la casa, colocándolo todo en su lugar; ya pensarían en algo o quizás Jennifer les comentaría...

Los días comenzaron a transcurrir, pero una pesadez extraña se sentía en el ambiente. Leonor sin darse cuenta, comenzó en forma muy sutil a cuestionar a Jennifer en cuanto a si algún chico de la escuela le agradaba. Siempre le insistía diciéndole:

-A tu edad, me encantaba coquetear con cuanto chico bonito veía... -Y luego solía sonreír, pensando quizás en la ironía y el dolor que encerraba aquella pequeña mentira.

Jennifer la escuchaba y no le respondía pero también sonreía. Y es que ella sabía... sabía que esto era mentira y le dolía el empeño de su madre, la pobre, porque a pesar de todos los esfuerzos de Leonor por ocultarle a su hija el terrible pasado, ella conocía toda la verdad que su madre escondía.

Había ocurrido pocos años atrás una tarde, casi de noche, Leonor y María habían ido al mercado por víveres, mientras la chica se había quedado en la casa haciendo sus deberes escolares. Tocaron a la puerta insistentemente y Jennifer se asomó por una de las ventanas para ver quién era. Ante la casa estaba parada una mujer que aparentaba, por lo menos setenta años, vestida de una forma un poco inapropiada para su edad, con mucho maquillaje y el pelo todo fuera de lugar. Su aspecto era desaliñado, más bien sucio y lo peor era su voz ronca y gritona que exigía que le abrieran.

Aunque su madre siempre le había dicho que jamás le abriera la puerta a desconocidos, a Jennifer le picó la curiosidad por saber qué buscaría un personaje así en su casa. Cuando le abrió, sin haber dicho un saludo o identificarse, aquella mujer en el mismo desagradable tono en que pidiera que le abrieran la puerta, le soltó esta andanada de preguntas:

- ¿Quién eres tú? ¿Dónde está La Sucia? ¿Tú eres hija de quién? – Y mirando hacia el interior de la casa por sobre el hombro de la adolecente, exclamó- ¡Wow, como ha cambiado esta casa! –Para agregar sin transición- ¿Me darías un poquito de agua?

Aquella mujer no paraba de moverse, respiraba como si quisiera llevarse todo el aire a su alrededor y sus ojos no se quedaban tranquilos en ningún sitio.

Entre desconcertada y divertida, la jovencita le respondió en el mismo orden que la mujer preguntara:

- Yo, soy yo, no sé quién es esa Sucia, soy la hija de Leonor, mi casa siempre ha estado igual y espérese aquí que ya le traigo el agua...

Cuando fue a cerrar la puerta, la mujer muy hábilmente se

escabulló y casi empujándola logró entrar hasta la sala. Miraba a todos los lugares en una mezcla de asombro y delirio. Jennifer de inmediato se arrepintió de no haberle hecho caso a su madre, ahora, ¿cómo sacaría a aquella loca de allí? Cuando su mamá y María regresaran, se vería en un gran apuro…

Mientras pensaba todo esto fue a la cocina por el agua y al regresar a la sala, vio al extraño personaje con una foto de su mamá cuando estaba embarazada en la mano, la había tomado de un pequeño librero que había cerca de la entrada.

- Esta es la hija de La Sucia, ¿cómo es que se llama tu mamá? –y de nuevo sin dar oportunidad a una respuesta- Si ésta es tu mamá, tú eres la nieta de La Sucia… ¡Ay La Sucia! Que gente tan rara… -y haciendo un gesto de confidencia con la mano, comentó en un tono de voz más bajo- Le decimos así porque hace cualquier cosa por darse un pase, hasta vendió a la hija cuando era chiquitica para poder "volarse"… ¿Dónde está ella ahora, no me digas que presa?

Jennifer se dio cuenta de todo lo que significaban las palabras de aquella mujer. Con mucha habilidad y procurando de a poco ir llevándola hasta la puerta nuevamente, le quitó el marco con la foto, le puso en cambio el vaso de agua y le contó que "La Sucia" había fallecido cuando ella era muy pequeña y que su mamá había heredado la casa. La mujer entonces se quejó de que su abuela le debía dinero, que no había sido tan buena amiga y por último, le contó lo que sabía de cómo había vendido a su propia hija a los siete años, convirtiéndola en una prostituta para su beneficio. Luego le dijo que a ella le decían Lola, que estaba enferma de los nervios y terminó pidiéndole cualquier dinero que la jovencita le pudiera dar, para poder tomar un autobús.

Sin pensarlo dos veces, Jennifer sacrificó el dinero de su merienda y el del almuerzo, dándoselo a Lola, un poco por bondad, pero mucho más por apuro, necesitaba que esa mujer se fuera antes que su madre regresara…

Jennifer siempre guardó el secreto de aquella visita y la pobre Leonor, nunca supo que ella sabía toda la verdad.

Continuaba el romance secreto con Anabel, que con el pasar de los días, se volvía cada vez más sólido. Su madre continuaba con la insistencia de que debía salir con algún chico, hasta que una noche en la que estaban conversando, concibieron ambas la idea de que Jennifer le hiciera creer a su mamá que le había comenzado a llamar la atención un chico de la escuela. Probablemente, dejaría de presionarla con eso de una vez. Y tal cual lo pensaron, Jennifer así lo hizo, sin pensar en las consecuencias que esto le podría acarrear.

En el aula de la chica, había un joven muy bien parecido que siempre se había sentido muy atraído por Jennifer, pero ésta nunca le había prestado atención. Era un poco reservado, casi misterioso, con una imaginación brillante que al igual que Jennifer, ardía en las llamas de la fantasía y una de las mayores era precisamente ella, por lo que no le costó mucho trabajo el conquistarlo. Comenzaron a salir como amigos, bajo el consentimiento de Anabel y el beneplácito de Leonor. Sólo que Jennifer había comenzado a jugar con fuego y pronto se quemaría sin saberlo.

Aquel joven de tez morena y blanca sonrisa, pronto comenzó a adueñarse del corazón de Jennifer, que se volvió un corazón compartido entre dos amores de formas muy distintas. Jennifer comenzó a enamorarse de Abdel sin darse cuenta, no lo comprendía, a ella nunca le habían gustado los hombres pero con Abdel era diferente. También estaba segura de adorar a Anabel. Una vez más, el frío valle de las sombras se alzaba frente a ella y por cuanto más derrochaba horas en largas meditaciones, solo recibía como respuesta confusas visiones que no la llevaban a ningún punto. La vida corría ante sus ojos como un inmenso reloj que la arrastraba por circunstancias inesperadas. Desde sus profundidades, una voz de mujer le gritaba en alaridos sus ansias de entrega a Abdel.

Capítulo VI

La razón la llevaba de regreso al pacto con Anabel pero se sentía culpable de este doble sentimiento. Amaba las estrellas que Anabel le hacía ver y a su vez adoraba el firmamento que Abdel le llevaba a recorrer con cada palabra, cada gesto. Él lograba que ella comprendiera el silencio de las aguas. Vivía en una dicotomía que la movía de la ensoñación a la censura. Se preguntaba todo el tiempo ¿qué era lo correcto? ¿Qué era lo que debía hacer? A su vez se repetía ¿quién podría juzgarla? ¿Podría alguien reprocharle lo que hacía? ¿Quién podría negarle el que ella fuera feliz? Aunque el ser feliz sólo fuera de esta manera.

En ese bregar constante, agotándose por tan encontrados sentimientos, pasaba los días.

Una noche Jennifer y Abdel quedaron en verse, no habían planificado algo especial, sólo dar alguna vuelta, estirar un poco las piernas… Debían despejar un poco sus mentes, estaban en período de exámenes y era bueno juntarse a hablar de cualquier cosa que no fueran los problemas académicos. El la recogió a la puerta de la casa y se fueron hasta el parque. Charlaban de asuntos triviales, todo les provocaba una sonrisa, una mirada, un roce. La luna hacía de cómplice en aquel romance que crecía y desde el fondo del parque llegaba la fragancia del jazmín que lo invadía todo. Se habían tomado de la cintura y en un momento determinado Abdel giró en redondo atrayendo a Jennifer para darle un beso. Cuando la muchacha sintió sus labios humedecidos por la boca del joven, se dejó llevar por un sentimiento totalmente desconocido para ella y apenas sin razonar lo que estaba sucediendo, se fueron en busca del banco más apartado, lejos del ruido de los autos, justo allá por donde los jazmines embriagaban con su olor, bajo la profundidad de una noche mágica, bajo la tenue luz de un farol lejano; se dejó acariciar por aquellas manos, que cual alas se deslizaron suavemente por su cuerpo, buscando la dirección de los suspiros, colmando de antorchas los deseos reprimidos en su pecho.

Convirtieron instantáneamente la oscuridad profunda de sus miedos, en una noche de estrellas y anhelos. Con una presión aquí y una caricia allá, supo él descubrir los puntos débiles de aquel cuerpo que se abría instintivamente a una casi entrega entre inocente y lúdica. Las manos de ella tampoco estaban quietas, palpando, aprisionando, jugaron a la adultez que despertó a la hembra y al macho. Ella conoció el fuego de una pasión diferente que la dejó convulsa y temblorosa, entre unos brazos que la llevaron a recorrer la simetría de un mundo totalmente ajeno. Él supo de cómo ella podría llegar a ser, si avanzaban más por el camino del amor. Ambos descubrieron que ya estaba atado el uno, a la otra. Todo en aquel viejo banco, debajo del roble…

Jennifer caminaba a casa como el que viaja en una nube. Ambos apenas hablaban, aún embelesados por aquel momento maravilloso que habían compartido. Era muy avanzada la noche y los grillos, cual si entendieran lo que los corazones de aquellos jóvenes gritaban, no paraban de cantar. El olor de la noche, saturado de jazmines, era dulce bálsamo para la despedida. La brisa jugaba con el alborotado cabello de ella, haciéndola lucir más hermosa. Sus rostros resplandecían, estaban felices. Al llegar a la puerta de la casa, pasó trabajo para encontrar el llavero, sus cuerpos aún temblorosos no lograban coordinar bien, en más de una ocasión las llaves cayeron al piso y ellos sólo reían, en aquella risa cómplice del amor recién descubierto. Se despidieron esa noche con un beso largamente saboreado y la promesa del rencuentro en la mañana.

Cuando Jennifer al fin entró, eran tantas las cosas que sentía, todo era tan nuevo y profundo que de inmediato buscó a su confidente, el más discreto amigo que se puede tener, su diario, y en él comenzó a volcar aquel caudal de palabras que fluían como si de un manantial se tratara. Se sentía plena, una gran felicidad la invadía. Había llegado con tanta ansiedad a compartir todo aquello que olvidó cerrar la puerta de su habitación, María que la escuchó llegar, fue a saludarla pero cuando la vio escribiendo, se retiró en puntillas para que Jennifer no se percatara de su presencia.

Escribió hasta muy avanzada la madrugada, finalmente se durmió. En la mañana cuando la alarma del reloj sonó, apenas podía abrir los ojos del cansancio que sentía. Leonor fue a despertarla varias veces para que no se le hiciera tarde. Salió de la cama descalza, arrastrando los pies hasta el baño donde tomó una ducha bien fresca que terminó avivándola. No le alcanzó el tiempo para arreglar la cama. Su madre al verla intentando organizar el cuarto antes de irse, le dijo que dejara todo así, que cuando ella regresara de dejarla en la escuela, se encargaría del desorden. Salió a toda prisa sin darle tiempo ni a desayunar. María cuando las sintió irse, corrió al cuarto de Jennifer y buscó entre sus cosas el diario, hasta que lo encontró. Comenzó a leerlo y quedó sorprendida y a su vez preocupada:

Amor, fuiste para mí todo lo que anhelaba, el santuario donde mi amor florece, eres la fuente en el desierto de mis días. Ya no eres un sueño efímero, hoy tus frutos colman mis esperanzas. Pero una voz en mi interior me reclama. Te amo, pero también amo a Anabel, ella es pasado y presente aquí en mi alma, es como un abismo mudo e inmóvil que me aprisiona. Pierdo por instantes la luz solemne que hasta hace poco me acompañara. Miro a lo lejos y veo al cuervo alzar su vuelo. Ese cuervo que aparece cuando mis días son vanos, cuando aciagos sueños me acompañan. Hoy que dancé a la orilla de tu cuerpo, siento que he mancillado un nombre que llora mi ausencia en las tinieblas. Ahora me siento cual estatua romana, más no soy mármol, cruzo entre los vivos, aunque por instantes me he sentido muerta.

Hoy sé lo que son las fuerzas de las pasiones, me he nombrado loca a mi misma en mis multiformes temores. Pero mi imaginación, excitada bajo la influencia de la brumosa atmósfera, me dio un contorno indefinido. Fue un escalofrío que invadió mi alma, me devoró una curiosidad que me hizo amar como nunca creí poder hacerlo. Mañana lo volveré a ver y espero con ansias ese momento...

Se escuchó un ruido que asustó a María, llevándola a guardar con prisas el diario. Salió rápido de la habitación, no quería que la encontraran husmeando en sus cosas. Se puso entonces a realizar las labores domésticas hasta que Leonor llegó y comenzó a ayudarla. Así transcurrió el día, hasta que llegó la hora de recoger a Jennifer en la escuela. La chica se veía eufórica. Le dio un beso a su madre en la mejilla, cosa que no hacia comúnmente desde que había cumplido los trece años, así que sorprendió a Leonor de una manera muy grata ya que era lo último que esperaba. Durante el viaje cambió las emisoras de la radio varias veces cantando cada tema, se puede decir que la joven cantó todo el tiempo desbordando encanto y alegría, algo muy raro en ella. Su madre se sentía extrañada ante esta renovada Jennifer. Tanto fue así que al llegar a casa, Leonor le comentó a María lo del beso, las canciones y aquella casi contagiosa felicidad, afirmándole discretamente:

- La niña está muy extraña.

María sonriendo sólo se le ocurrió responder:

- Quizás está enamorada.

Capítulo VII

Anabel y Jennifer, continuaban viéndose a escondidas sin que Abdel supiera de estos encuentros y menos aún de la relación que ambas tenían. Jennifer cuando estaba con Annabel se sentía plena, era un amor diferente al que sentía por Abdel, pero también sentía que era amor, un amor muy fuerte.

La relación con su compañero de la escuela llevaba casi año y medio, cuando una linda mañana de domingo, Abdel pasó muy temprano a buscar a Jennifer para ir a las playas del Este de la ciudad. El joven lucía radiante y siempre que se ponía aquellas ropas sport, se veía muy varonil y seguro. Eso era algo que atraía mucho a Jennifer y por lo que le gustaba tanto estar a su lado. La hacía sentir peregrina que al golpear las puertas del silencio, era recibida por quién se convertía en el experto guía que interpretaba sus más intrincados pensamientos, dándole siempre las respuestas que justo ella esperaba.

Atravesaron las millas que los separaban de la costa apenas sin hablar. Abdel sabía que a Jennifer le gustaba viajar así y había aprendido a respetar su espacio. Pero estaba ansioso por llegar, tenía una propuesta que hacerle y si ella aceptaba, cambiarían sus vidas para siempre. Jennifer hizo todo el viaje contemplando el paisaje desde su ventanilla, mientras el radio-reproductor del auto les obsequiaba todo un recital del siempre romántico Julio Iglesias, que Jennifer parecía disfrutar sobremanera porque hasta se puso a tararear algunas notas. Abdel no perdía oportunidad de tomar las manos de su chica y con mucha delicadeza y ternura le daba besos. Era un día radiante, cuando llegaron a la playa el sol brillaba con gran intensidad. Se bajaron del auto con las toallas en la mano y una bolsa pequeña donde la joven llevaba un bronceador y algunas pinzas para el cabello. Caminaban erguidos uno junto al otro, parecían un príncipe y su princesa; la vida, el mundo, tenía que reverenciar tanta juventud y tanto amor. Se sentían en una isla donde el viento y las piedras le daban la bienvenida, invitándolos a poblarla con tan sólo su cercanía. La persistencia de las olas al chocar con la orilla los incitaban al beso y como sí entendieran el mensaje, Jennifer se detuvo mientras que Abdel la tomó por la cintura acercándola a su cuerpo, ella se elevó en las puntas de sus pies para alcanzar aquellos labios que esperaban los suyos como sólo un enamorado lo puede hacer y se fundieron en un beso que parecía eterno. Luego de aquel mágico momento que creara el beso, con la despreocupada ignorancia del resto del mundo y de cualquier presencia a su alrededor que tienen los enamorados, Abdel se alejó dos pasos hacia atrás, luego dejó caer su rodilla derecha sobre la arena, sacó una pequeña caja que trajera en su bolsillo y allí, hincado ante una sorprendida Jennifer que no entendía lo que sucedía, le mostró el contenido de la pequeña caja y con voz emocionada sólo pronunció 4 palabras:

- ¿Te quieres casar conmigo?

El viento danzó a lo lejos, las gaviotas hicieron coro, el océano emocionado aplaudió contra la arena y mientras la brisa besaba una y otra vez las mejillas de Jennifer, felicitándola, el sol brilló lo más que pudo para aquella enamorada que no salía de su sorpresa. Estaba anonadada, nunca había imaginado aquello, por eso sin siquiera pensar, sólo dijo si... Se aferró al cuello de Abdel con todas sus fuerzas, él la elevó en sus brazos y giraron en la cintura de la isla, anegándose el espacio con la felicidad de los dos. Ya no había tú ni yo, fue nosotros desde ese momento y el inmenso mar, de cómplice, regalándoles su calma les acicalaba un lecho desde el que podían ver un cielo abierto con amplios círculos de celestiales nubes como flores.

Ninguno quería que el día terminara, había sido todo tan

hermoso que renegaban de no poderlo convertir en eternidad. Los enamorados habían almorzado muy juntitos para después dar una larga caminata por la orilla; se miraban, sonreían, besándose en la boca, en los ojos, en las manos... Decidieron dejar los teléfonos en el automóvil, en aquel día no serían molestados, era para ellos dos, no cabía alguien más. Llegó el final de la tarde y ya había que regresar a casa. En un momento de lucidez comprendieron que el tiempo no se detiene ni da treguas, así que debían aceptarlo, la hora de regresar había llegado. Abdel se levantó de la arena en que estaba acostado, se sacudió la ropa, extendió su mano fuerte para que Jennifer se aferrara a ella y levantarla, la ayudó a limpiarse y así entre caricias y sonrisas, se alejaron del sereno mar.

Llegaron al auto y buscaron sus teléfonos. Abdel apenas tenía llamadas, una era de su madre que quería saber cómo estaba, mientras Jennifer revisaba el de ella que si tenía bastantes y muchos mensajes. Abdel por discreción, se alejó unos pasos para contestarle a su mamá. La conversación fue breve, le dijo que se encontraba bien. La señora fue la primera en recibir la noticia del matrimonio de su hijo y por la expresión de éste en su rostro, pareció haberla recibido con mucha alegría. En cambio el rostro de Jennifer se había tornado sombrío, estaba muy seria. Abdel no pudo evitar preguntarle qué sucedía. La respuesta de Jennifer fue escueta:

-Nada importante, estoy algo cansada, mejor regresemos ya.

Abdel la ayudó a subir al auto, con delicadeza cerró su puerta e iniciaron el regreso. Sólo que esta vez, el camino no tuvo el esplendor ni los colores de la mañana, ningún romántico cantante endulzó con su voz el ambiente, el viaje se hizo en total silencio. Como justificación Jennifer alegó que le dolía un poco la cabeza pero Abdel la noto extraña. No quiso ser inoportuno, así que se guardó las preguntas e hicieron el viaje sin pronunciar palabra alguna. Al llegar a la casa, el quiso bajar del auto, Jennifer no se lo permitió. Le dijo que era muy tarde, que en otro momento sería mejor. Abdel intentó encontrar qué ocurría con en ella, buscando a través de su mirada pero en ese momento Jennifer estaba impenetrable. Se dieron un beso pero tampoco ese beso le dio a entender algo porque fue el beso más apasionado que Jennifer le diera hasta ese momento. Sintió como si con él, ella le pidiera que no la abandonara.

Permaneció callado y no se bajó del auto, sólo la observó

cuando, con paso firme, se alejaba hasta llegar a la puerta de la casa. Esperó unos minutos antes de arrancar el auto e irse. Se sentía en el paraíso a pesar del cambio de carácter de su novia.

El sol, el cantar del mar y los besos y caricias de ese día, sí que viviría por siempre en sus recuerdos.

****

Cuando Jennifer entró a la casa, lo primero con lo que tropezó fue con las miradas inquisitivas de María y Leonor que la esperaban sentadas en la sala. Jennifer estaba distinta, resplandecía, pero en un instante y sin pronunciar palabras se dejo caer en la silla más cercana y rompió en un llanto desconsolado. María y Leonor corrieron a ella angustiadas. Al unísono preguntaron qué le sucedía. Jennifer lucía desesperada y sin poder detenerse a pensar cómo organizar las palabras, comenzó a liberar todo aquello que llevaba dentro, dejando a Leonor y a María sin poder articular ni una sílaba. Sólo la escuchaban...

-Madres, les he ocultado por mucho tiempo que tengo una relación con... con una... con una chica...

María y Leonor ya lo sabían por el diario, así que no las tomó por sorpresa. Lo que sí les sorprendió fue que Jennifer se los contara, pero por discreción permanecieron calladas y siguieron escuchando....

-La he amado con todas mis fuerzas, pero ahora, ahora amo a alguien más, me he enamorado de un hombre maravilloso. Hoy me pidió matrimonio y lo he aceptado.

Mientras decía estas palabras levantaba su mano izquierda, mostrando el anillo que llevaba. Los rostros de las mujeres palidecieron, esto tomaba un giro poco común pero continuaron escuchando...

- Yo no quiero terminar mi relación con Anabel, pero quiero casarme con Abdel, siento en este instante que estoy viviendo mi propia muerte, que me he embarcado en una aventura en un navío diferente, he perdido el concepto de lo que pueda ser azul o estrellas. Quiero hacer lo correcto, pero perdí la noción de lo correcto. Los amo a los dos de maneras diferentes, pero los amo y no sabría vivir sin ninguno...

Comenzó a llorar con tantas fuerzas que no pudo continuar hablando. Leonor se sentó en el suelo a sus pies, tratando de enjugar sus lágrimas y María a sus espaldas, le acariciaba el cabello mientras le decía:

-Hija sin importar qué, haz lo que tu corazón te dicte. Lo que diga tu corazón será lo correcto.

Y mientras Leonor intentaba darle ánimos a su hija, que parecía calmarse con las palabras de su madre, María se dirigió a la cocina a preparar alguna tisana que pudiera ayudar a controlar un poco los nervios de todas, en especial los de Jennifer. Una vez estuvo lista, regresó a la sala con una bandeja y tres tazas que humeaban, despidiendo un dulce aroma. Cuando terminaron, ambas mujeres la acompañaron a su cuarto. Jennifer entró al baño para darse una ducha caliente, mientras Leonor en silencio se sentó a un lado de la cama esperando terminara para como cada noche, tomarle una de sus manos hasta que se quedara dormida. La chica había dejado el teléfono sobre la cómoda, lo tenía en tono de silencio y a cada momento vibraba sobre la madera. Leonor sin poder evitar la curiosidad, se levantó y caminó hasta el mueble para ver quién era quien llamaba con tanta insistencia. Cuando leyó en la pantalla del teléfono el nombre de Anabel, se lo dijo casi en un susurro a María, quién le respondió que lo apagara; no creía que Jennifer esa noche estuviera en condiciones de hablar con alguien más. Ambas consideraban que la joven debía descansar, así que sin más vueltas, lo hicieron.

Jennifer salió del baño envuelta en una bata blanca, descalza y con el pelo todavía goteando agua. Se notaba más calmada. María la hizo sentarse en una cómoda silla que tenían en la habitación, en la que sólo unos pocos años atrás se sentaba ella, para leerle cuentos a la pequeñita que hoy intentaban consolar. Trajo la secadora y comenzó, con maternal ternura, a secarle el cabello. Ninguna hablaba, era como sí no se atrevieran a interrumpir el sonido del secador. Los afiches y fotos de artistas favoritos, las medallas y diplomas por los logros académicos y los peluches que mostraban sus tiernos rostros desde estantes y paredes, eran espectadores de una escena de cuentos de hadas, donde a la princesa la rodeaban dos dulces madrinas. Una vez terminado el proceso, la chica se dirigió a la cama. Acomodó los cojines y las almohadas a su gusto, haciendo a un lado el edredón y acostándose. Mientras María recogía el secador y los otros enceres para guardarlos en su lugar, Leonor ocupó su lugar al lado de Jennifer, y esta vez le agarró las dos manos.

La noche se volvió el espejo de lo que aquellas mujeres estaban viviendo, Leonor y María se sentían tristes. Una vez que Jennifer pudo dormirse, dejaron la habitación con cuidado, apagando las luces para no despertarla. Sabían por experiencia que sí esto sucedía, le daría mucho trabajo volver a dormirse, si era que lo lograba. Se encaminaron a su habitación y luego de cambiarse las ropas, se acostaron. Como cada noche, Leonor veía un poco de televisión y María leía el libro de turno, pero esta vez, ninguna de las dos podía concentrarse. No paraban de pensar en la situación en la que se encontraba Jennifer, era como sí de súbito, un golpe de la vida les trajera a ambas su pasado hasta el presente, como sí los gélidos recuerdos llegaran a la puerta para no irse.

Sentían angustia en sus corazones pero nada podían hacer. La vida era así y sabían que cuando ella venía con sus disposiciones, por más que quisieran, no se podían cambiar. En vano María trataba de concentrarse en el libro, así que lo cerró y lo puso a un lado, sobre la mesita de noche. Mientras Leonor pensaba... El dolor se cansó ya de su tregua y ahora viene con un nuevo embate, pegándonos donde pueda hacer mayor daño… Apagó el televisor y se dieron las buenas noches con un beso.

Llegó la mañana y ese día Jennifer no debía ir a la escuela a pesar de ser lunes, por ser día feriado. Cuando despertó, ya estaba avanzado el día y le llamó la atención que su celular no hubiese sonado. Así que salió de la cama para buscarlo, fue entonces que se dio cuenta que estaba apagado. Nada más de encenderlo, comenzó a sonar y era Anabel que por el tono en que le habló, demostraba haber estado esperando toda la noche para comunicarse con ella. Parecía molesta por las respuestas que le estaba dando, así que finalmente acordaron encontrarse y la conversación terminó.

Jennifer se puso a organizar su cuarto y una vez que terminó, comenzó a prepararse para salir. Se dirigió al closet donde buscó un ajustado pantalón vaquero azul y un cómodo pullover rojo de mangas largas que hacía un atractivo contraste con el pantalón. Dentro de ese atuendo, la chica lucia estupenda, era muy esbelta y a pesar de lo casual de la ropa, se veía elegante. El rojo le venía muy bien con el tono de su piel y el negro de su pelo. Por maquillaje sólo puso un poco de brillo sobre sus labios y se perfumó con su fragancia favorita, Alíen de Thierry Mugler. Una vez arreglada, se sentó a la orilla de la cama, tomó el celular en sus manos y luego de permanecer pensativa unos minutos, marcó el número de Abdel. Le habló con voz amorosa y le pidió le perdonara, pero debía de resolver algo muy importante así que no se podrían ver. Con el tono de su voz, el joven demostró que no le gustaba la idea de no verla ese día, a Jennifer le tomó mucho tiempo convencerlo pero finalmente lo logró, quedaron que ella lo llamaría en la noche, cuando ya estuviera en casa.

Salió de su cuarto y caminó hasta la cocina, donde se encontraban María y Leonor esperándola para desayunar, habían preparado la mesa como en los viejos tiempos, cuando ella era pequeña y en los platos se combinaban colores de frutas y rostros sonrientes sobre crepes, que se desbordaban de dulce de leche. La joven con mucha ternura. les dijo que lo sentía, tenía que hacer algo muy importante y debía irse. No había terminado de decir estas palabras, cuando desde la calle, llegó el sonido de un auto que tocaba bocina. Jennifer miró por la ventana para confirmar que era Anabel, había venido por ella. Le dio un beso en la mejilla a cada una de sus dos madres y salió a toda prisa.

Jennifer, saludó igual que siempre a su amiga pero no recibió la mejor respuesta, la muchacha fue seca y cortante. Entre las dos habían creado un mundo de secretos bien guardados, que no contenía solamente lo enorme de los sentimientos que ambas sentían la una por la otra, ni la fuerte atracción que las mantenía tan unidas, también estaba aquella comunicación permanente, el compartir desde lo más íntimo hasta lo banal. Por eso aquel silencio de casi 24 horas no podía justificarse. Jennifer contemplaba a su amante amiga, mientras por su mente corrían los recuerdos…

Anabel era una chica realmente hermosa, tenía una bella cabellera con rizos naturales de un dorado claro que le caía en cascadas sobre los hombros. Con un cuerpo muy bien formado, unos senos pequeños pero muy erguidos y caderas redondas que terminaban en unas piernas torneadas y unos pies pequeños y siempre perfectamente arreglados, lo que nunca se olvidaba de ella, una vez que se le conociera, era aquel rostro dulce que apenas le había cambiado desde que era una niñita; su boca, de labios carnosos y dientes perfectamente alineados, donde resaltaba una gran sonrisa, era la prueba irrefutable de que aquella joven emanaba vida, gran personalidad y sobre todo bondad e inteligencia.

Había tenido una infancia difícil, su padre era alcohólico y producto de esto, maltrataba a Anabel y a su mamá constantemente, al extremo de hacerlas sangrar. Siempre que las golpeaba, les gritaba que hasta que no sangraran no se detendría, pues sólo cuando les saliera sangre de sus cuerpos, era que habían pagado sus culpas.

En una ocasión Anabel fue a defender a su madre y fue tal el golpe que el padre le dio, que le fracturó un brazo; tuvieron que hacerle una cirugía para que no perdiera movilidad y pudiera sanar sin complicaciones.

Desde ese momento la muchacha comenzó a sentir un profundo desprecio por los hombres, considerando que ninguno merecía ser excluido del lugar a donde había relegado a su padre.

Ya hacía algunos años que él había fallecido, víctima de una enfermedad producida por el alcohol; la infeliz muchacha ese día no lloró, al contrario, sintió que un gran peso se le iba de sus espaldas.

Después de eso, su madre había cambiado mucho, de una mujer taciturna y siempre temerosa a todo, se convirtió en alguien comunicativa y sociable. De la noche a la mañana decidió trabajar, recuperando su carrera, sus amigas y la vida que había quedado truncada con su matrimonio. Ahora se arreglaba, compartía con amistades y compañeros de trabajo pero nunca más quiso casarse. Anabel estaba convencida que su decisión era por la experiencia que había tenido con su padre, experiencia que también la llevó a ella a no querer saber nada de los hombres.

En esa época fue que conoció a Jennifer, se enamoró perdidamente de ella pero pasó algún tiempo antes de descubrir que ambas sentían lo mismo. Se comprendían y alentaban la una a la otra, juntas habían podido sobrevivir a sus propios tormentos y de aquella gran unión, salió el valor para que se confesaran los sentimientos que sentían.

Jennifer se perdió por el rumbo de aquellos recuerdos, estaba sentada al lado de su amiga, que la miraba de reojos, con una expresión de disgusto marcado en su rostro, mientras manejaba hacia ningún lugar. Ya estaban a la altura de la entrada a los cayos, y entre ellas no había mediado palabra alguna, cuando decidió decirle que tenía algo nuevo que contarle pero que no sabía cómo empezar. Debía de hacerlo desde el principio, así que sin titubeos, le pidió detuviera el auto, necesitaba hablar con ella y que le prestara toda su atención. Anabel salió de la carretera a la derecha, quedándose las dos tranquilas, dentro del auto. Entonces Jennifer comenzó a hablar, tomando la mano de su amiga entre las de ella y presionándola fuerte antes de decirle:

-Me parece que ahora vago encima de un puñado de vidrios rotos. Es como andar en azoteas de llantos que sí me precipito, muero. ¿Sabes que te amo, verdad Anabel? ¿Lo sabes?

Mientras decía esto, buscaba en la mirada de su interlocutora que estaba seria, nerviosa, aunque escuchaba atentamente cada palabra, estaba pendiente de cada gesto, de cada mirada de su amiga, sin perder detalle...

- Tu aroma es mi palabra más allá del tiempo. Pero hoy mi corazón esta compartido en dos amores, tú y Abdel.

Una lágrima corrió por la mejilla de Anabel que se quedó en silencio. Muy dentro de ella lo sabía pero no quería escucharlo, se había negado por largo tiempo a enfrentar esa verdad, pero ahora estaba frente a ella y no sabía cómo reaccionar ni que decir. Solo siguió escuchando, no quería interrumpir a Jennifer...

-No quiero ni puedo terminar con ninguno de los dos, pero él jamás aceptaría tu existencia al igual que la sociedad no nos aceptaría a nosotras. Quiero que me escuches bien. Abdel me propuso matrimonio...

Un sollozo ahogado escapó de las entrañas de Anabel, sentía una fuerte opresión en su pecho, la sola idea de que otras manos tocaran el cuerpo de su amante la llevaba a maldecir internamente el día en que se le ocurrió la absurda idea de aquel plan que los unió, renegaba de la sociedad que les obligaba a esos disimulos, le dolía verse presionada de esa manera y sentirse ahora atrapada en una situación que nunca pudo imaginar que llegaría a vivir. Soltó su mano de las de Jennifer y cubrió sus ojos con ella, estaba tratando de tapar lo que su imaginación veía, se sintió incapaz de poder controlar el llanto.

-No llores, no tienes por qué llorar. Nuestro amor siempre ha sido secreto y hemos podido amarnos como quizás nunca alguien lo haya logrado. Podemos seguir en silencio sin que lo sepan. Mientras no sospechen, no tendremos de qué escondernos, seguiremos siendo unas simples amigas para todos.

- Confidentes inseparables, casi hermanas pensarán, y cuando me case con Abdel, menos dudas podrán tener. –Continuó diciéndole- Quizás con el tiempo logre convencer a Abdel y lleguemos a vivir los tres juntos. Quiero que entiendas que no se vivir sin uno, ni el otro. Los dos forman parte inseparable de mi vida y los necesito para continuar, si me amas, sabrás aceptarlo. Si no, entonces seré una simple tierra sin nombre ni camino, porque me faltará tu mitad.

Anabel lloraba sin consuelo, un abismo de desesperanza se abría ante todos los sueños de una vida futura junto a la mujer que amaba, ahora un hombre dormiría cada día al lado de ella, ocupando el lugar que le correspondía por derecho, el derecho que le otorgaba el amor que sentía, sería él y no ella quien le velaría sus noches, teniendo una intimidad que ella quería solo para las dos... Nunca había imaginado compartir hasta ese grado a Jennifer. Por un momento dudó, miró a su amiga a los ojos, trataba de encontrar alguna señal que le permitiera rebelarse, debatirle... pero sólo encontró amor, aquel amor que las había unido desde siempre... razonó entonces que tampoco sabría vivir sin ella y sin el más mínimo de los reproches, aceptó la propuesta de Jennifer.

Secó sus lágrimas y haciendo un esfuerzo más allá de todas sus fuerzas, como si nada importante hubiese sido hablado, le dijo a Jennifer que ella sería la madrina de la boda. Aquella reacción agradó mucho a Jennifer, que le agradeció su comprensión con un apasionado beso.

La noticia oficial de la boda no se hizo esperar, corrió como pólvora entre amigos, vecinos y familiares de ambas partes. Una vez que terminaron sus estudios, Abdel de inmediato se puso a trabajar. Tenía la mayor de las razones para aplicarse con todo su empeño en lograr crecer muy pronto en su trabajo. Quería poderle ofrecer a su futura esposa cuanto fuera posible. A la par de los esfuerzos del novio, Jennifer también organizaba su vida futura, habían acordado que ella no trabajaría mientras no fuera absolutamente necesario, para que pudiera continuar superándose. Luego le tocaría a él.

Comenzaron los preparativos de la boda y Anabel se ocupó de cada detalle de una forma que rallaba en el perfeccionismo. Desde las flores hasta el menú, todo lo discutía y analizaba, persiguiendo la mejor calidad. Tal parecía que preparaba su propia boda. Leonor y María no entendían qué sucedía, cómo de amantes pasaron tan rápido a ser sólo amigas, pero llegaron a la conclusión de que era mejor no preguntar y que todo siguiera como hasta ahora; mientras, las dos jóvenes disfrutaban todo aquello como un bello sueño que aumentaba su felicidad.

Los días que antecedieron a la boda también fueron de total locura para Leonor y María que se desvivieron por lograr que todo quedara perfecto y aunque ya Anabel se había hecho cargo de muchas de las cosas, en su condición de madrina de boda, ellas no perdían oportunidad de ayudar con el resto, que ya era bastante. En Jennifer, las dos realizaban un sueño que ellas nunca pudieron cumplir, la vida les dio duro, no había tenido ninguna compasión con ellas, pasaron de niñas a mujer sin darse cuenta. No tuvieron su fiesta de quince años y menos aún, la satisfacción de una boda como la que suelen soñar todas las mujeres del mundo. Pero con su Jennifer sería distinto, ella sí la tendría.

Llegó la noche de las despedidas de soltero para el futuro matrimonio. Anabel creó una fiesta de disfraces para Jennifer, no omitió el menor de los detalles, hubo de todo en abundancia. Eligió un exclusivo club donde la magnífica música, la mejor comida y el más animado ambiente, fueron las delicias de todas las amigas que se reunieron allí. Hasta el final mantuvo Anabel a Jennifer de sorpresa en sorpresa, tuvieron strippers que se convirtieron en la sensación de la noche, juegos subidos de tono que las hicieron reír hasta no dar más y sobre todo, aquella fantasía de los rostros cubiertos por antifaces que permitieron se liberara la imaginación de todas, sin temor algunos a ser identificadas. Por último, cuando creían que había llegado el momento de las despedidas, llegó a las puertas del club una enorme limusina que llevó a las que quisieron ir, en un recorrido por toda la ciudad. Con champaña y diferentes licores siguieron la fiesta hasta que poco a poco, se quedaron solas en aquel lujoso auto. Y esa era la última de las sorpresas, Anabel le propuso a Jennifer que hicieran el amor allí; era la enajenada forma que aquella enamorada tenia de intentar grabarle en la memoria a su amante todo el amor que sentía por ella, sobre todo ahora que un rival se la llevaba de su lado, ganando el derecho de llamarla su esposa. Jennifer comprendió aquella muestra de amor desesperado y aceptó. Aquellas dos mujeres se entregaron una a la otra, mientras que el deslumbrante automóvil recorría una vez más las calles de Miami.

En la fiesta de Abdel todo ocurrió de una forma convencional. Sus amigos sabían que su sentido del humor era bueno y que de veras era un joven al que le gustaba pasarla bien, pero no era el típico "bachelor" que buscaba una última aventura antes del matrimonio, así que la opción fue beber y divertirse lo más que pudieron en un club solo para hombres. Fueron muchas las mujeres que bailaron esa noche para él, algunas porque se sintieron atraídas por aquel guapo joven con el que todos celebraban y otras porque fueron enviadas y pagadas por sus amigos. Bromas y fotos no faltaron, para que los recuerdos tuvieran de qué alimentarse. Y así, les sorprendió el amanecer.

****

El día tan esperado llegó al fin. El amanecer en la pequeña casa de South Miami fue todo movimiento. Leonor comenzó a adornar con lirios cada rincón de aquel hogar que hoy se vestía con el aroma de los azahares. Anabel había ordenado unas azucenas con las que se decoró toda la entrada de la casa. Mientras Jennifer, reposaba en su dormitorio con una mascarilla facial. Por momentos dormitaba y entre sueños escuchaba las voces de aquellas tres mujeres que dando órdenes y trabajando hasta el agotamiento, le demostraban una vez más cuanto la amaban.

Miro hacia el jardín a través de la ventana de su cuarto y se imagino al viejo rosal vestido para la ocasión, regalando sus mejores brotes. Podía sentir el trinar de los pájaros, era como si con su canto intentaran esparcir semillas de felicidad, ayudados por el viento. No hubo cuervos ese día, tampoco zombis ni nubes negras. Aquel terrible relámpago había quedado lejos, no podría tocarla. El sol se ocupó celosamente de que la lluvia no llegara, la obligó a permanecer lejana, mientras blancas nubes de algodón giraban en lo azul del cielo. Los jardines y parques cercanos se vistieron del verde más resplandeciente que tenían para acompañar a los novios en su aventura.

Hoy se casaría, sería la protagonista de su más hermoso sueño y eso no podrían quitárselo. Entró al baño tarareando una canción. Largo rato se mantuvo debajo de la regadera, disfrutando del agua fresca que le hacía sentirse absolutamente viva. Lavó su pelo con extremo cuidado, aplicándole acondicionadores que le otorgarían más brillo y docilidad. Usó las cremas delicadas y olorosas que había comprado expresamente para esa ocasión y una vez que terminó, salió envuelta en su bata, fue a sentarse sobre aquella querida silla de su habitación, justo al frente de la maquillista que ya le esperaba.

Pasaron horas entre peinado, maquillaje y la vestuarista, que era la encargada de que aquel níveo traje le quedara perfecto. Una vez terminados todos los detalles, se detuvo ante el espejo que le regaló la imagen de una reina. La reina más bella que su mente hubiera imaginado.... Sólo que esta vez, ella era esa reina.

María abrió la puerta del cuarto y una Jennifer distinta atravesó el umbral. Se le veía erguida y segura, sin miedos, mientras que caminaba hacia su nueva vida. Eso pensó Leonor cuando la vio tan totalmente hermosa y decidida, no pudo contenerse y se le acercó, la abrazó muy fuerte aunque con cuidado para no arruinarle el peinado.

Anabel no pudo evitar unas lágrimas, que se le escaparon sin control posible. Aquella mujer era suya, pensó, y se sintió orgullosa. Sólo ella conocía su cuerpo, sus reflejos, sus más íntimos deseos. Por eso no sintió celos, esa mujer que hoy avanzaba al altar de la mano de un hombre, le pertenecía y eso nadie lo podría cambiar.

Las dos madres de la novia, se habían esmerado a la hora de acicalarse para la ocasión. María lucía muy diferente con su nuevo estilo de cabello y hasta acepto un ligero cambio de color que no solo le resaltaba la piel y el entorno de su rostro, sino que le ayudaba a disimular algunas canas impertinentes que ya se hacían notar. Llevaba una combinación de dos piezas con finas líneas verticales, que le restaban años a su imagen y permitía que se destacara la belleza femenina que siempre había escondido. A pesar de su edad, se podía apreciar que en algún tiempo fue muy hermosa, todavía quedaban huellas fáciles de distinguir ahora que el sutil maquillaje que llevaba lo resaltaba.

Leonor a su vez, lucía espectacular en aquel vestido color rosa viejo, con un escote que mostraba, de forma discreta, el aun firme busto, mientras que el diseño destacaba las bien conservadas líneas de su todavía atractivo cuerpo, El cabello, que brillaba en su negrura, rozaba apenas sus hombros en un estilo que recordaba a una reina egipcia. Simples y elegantes eran los aretes de perlas que completaban el vestuario de aquella madre llena de alegría por la boda de su hija.

Leonor estaba haciendo gala de su belleza, heredada hoy por Jennifer.

La ceremonia se celebró en un pequeño club a las afueras de Miami. Cuando Jennifer llegó en su limosina blanca, un nervioso Abdel la esperaba, lucía guapísimo en su traje gris acero que había sido hecho a la medida. Su rostro resplandecía y su mano tembló cuando la extendió para recibir a la novia. Ambos avanzaron en medio de los invitados que les fueron abriendo paso hasta que finalmente llegaron frente al juez que los casaría.

Fue una boda hermosa, cuando avanzaban por el pasillo nupcial que relucía de tanta blancura entre flores, cintas y tules, el sonido de las arpas regalaban al oído la mágica fantasía de coros angelicales, voces que producían efectos de armonías, resonando en cada rincón de aquel lugar. Las miradas y sonrisas complacidas de todos los presentes, creaban un aura de felicidad alrededor de los novios, que finalmente llegaron ante el notario. Escucharon nerviosos todo el tradicional discurso de introducción a las palabras mágicas que los unirían para siempre, y cuando llegó el momento, sólo dijeron:

- "Si, acepto..."

Dos palabras simples, que cambiarían sus destinos.

Capítulo VIII

La boda terminó con una gran recepción y la principal atracción de la fiesta fue el pastel de boda, un regalo de la madrina que se esmeró en la elección y sus detalles. Estaba bellamente decorado, tenía cinco pisos y en el último se destacaban dos estatuillas que reproducían a los novios con una semejanza muy bien lograda, gracias a las expertas manos de un artista plástico amigo de María que se había guiado por unas fotos de los jóvenes que Leonor le diera con antelación.

La hora de cortar aquella obra de arte llegó y un gran grupo de invitados, con los novios al centro, se aglomeraron alrededor del pastel en medio de un gran alboroto. Bromeaban y demandaban el primer trozo para algunos de ellos, los novios reían y uniendo sus manos sobre el mango de la paleta, lo cortaron. Entre las bromas y los juegos típicos de éste tipo de evento, la repartición del delicioso dulce, las fotos y la pista llena de bailadores, transcurrió parte de la noche hasta que Abdel y Jennifer aprovecharon para escapar a su tan ansiada luna de miel. Nadie los vio partir, excepto Anabel, que con un nudo en la garganta y el corazón en un puño vio como se iban, no dijo nada, solo se dirigió a la barra y se sirvió un whisky, bebiéndolo de un solo trago. No quería pensar, pero era imposible el estar tranquila sabiendo que un hombre, esa noche, le haría el amor a su Jennifer hasta el cansancio, mientras ella tenía que permanecer en silencio, aceptándolo. Así que siguió bebiendo sentada a la barra, hasta muy avanzada la noche.

En el otro extremo de la ciudad y en circunstancias muy diferentes, se encontraban Abdel y Jennifer que comenzaban a disfrutar de la noche más especial que podrían tener en sus memorias. Ella sentía que todo despedía una magia que la protegía, permitiéndole sobrevivir a los horrores que habían seguido a su nacimiento. Su alegría brotó como las burbujas en las copas de champán que ambos ingerían. Él, disfrutaba de la quietud de aquella alcoba que les regalaba la posibilidad del encuentro de sus cuerpos, de una intimidad muy deseada y del descanso tan necesario después de los días anteriores. La habitación daba al mar, tenía un inmenso balcón que permitía ver el cielo y la playa desde cualquier ángulo de la misma, a través de los cristales les llegaba la luz de la luna que iluminaba la arena y también sus cuerpos. Y así, sólo con aquella luz, como si se hubieran puesto de acuerdo, la pareja fue despojándose de sus respectivos trajes, entre risas, besos y tragos de champán. Nunca fue su entrega mayor, jamás él la recibió nuevamente de esa forma. Aquellos jóvenes cuerpos que sólo se conocían por los momentos que le habían robado a sus ímpetus juveniles, se entregaron esa noche allí, de una forma plena, turbados sus sentidos con aquel olor a mar y descubriendo las esencias de sus intimidades que en afrodisíaca entrega los llevaba a perderse uno en el interior del otro. Fueron días de piel con piel, brazos enlazados, piernas unas entre otras, cuerpos desnudos en los que ella descubría nuevas formas de entrega y amor. Él, en esas entregas confirmaba lo que en aquella noche, hacia casi un año, anticipara en la vieja banca del parque; la que entonces fue su novia, hoy era su esposa, su mujer y su hembra, sacándole lo mejor y más puro, para que pudiera ponerlo a los pies de su amada. Los días que siguieron fueron hermosos para la pareja, que alejados de la realidad, sólo daban lugar a la pasión sin tener ni espacios ni tiempos para temores ni ausencias.

Entre tanto, María y Leonor les preparaban una gran sorpresa para su regreso. Con el transcurso de los años ellas habían logrado ahorrar algún dinero, el suficiente como para la compra de un apartamento. Sentían que habían cumplido con Jennifer, estaba felizmente casada y durante todo aquel tiempo la habían preparado para que pudiera volar con alas propias. Ahora les tocaba a ellas el poder tener sus espacios y privacidad, intentando retomar el camino que todas las parejas buscan, esa intimidad tan necesaria, la que mantiene viva la llama del deseo y el amor. Por suerte, ellas dos lo habían logrado, así que no dudaron ni un momento a la hora de firmar el contrato de compra de un pequeño apartamento en Miami Beach y aprovecharon la luna de miel de los jóvenes para mudarse a él, dejando la casa desocupada y limpia.

Sabían que siendo una pareja joven querrían su espacio propio, por lo que esperarían al regreso de los recién casados para que arreglaran y decoraran la vieja casa a su gusto. Ellas les ayudarían económicamente con los gastos de los arreglos pues tenían claro que los chicos no contaban con el dinero suficiente para eso, las dos esperaban con ansias la llegada de la joven pareja y sentían regocijo al poder ayudarlos.

Anabel extrañaba a Jennifer como nunca, habían sido días extremadamente difíciles para ella, pasaba de la aceptación al desespero que le provocaban los celos, manteniéndola en un sube y baja de ánimos insoportable. Pero ahora, después de veintiún largos días, ya su Jennifer estaba por regresar, contaba cada segundo con ansias. Aunque, ¿cómo haría para verla? Era obvio que no tendrían la misma libertad que antes. Debía comenzar a buscar excusas que la ayudaran a justificar el acercarse a aquella mujer amada. De alguna forma se las arreglarían y en realidad, ahora eso no importaba. Lo importante y lo que más ansiaba era el verla y ya faltaba muy poco para ello.

La larga espera se había convertido en flores. El aire alejaba el polvo del camino y la alegría reconocía la llegada de los nuevos reyes a su hogar. Abdel y Jennifer como espigas nuevas, acababan de regresar, para ingresar al mundo desde otra perspectiva. Era la vida real, con sus afanes diarios, que los esperaba para ayudarlos a crecer a cada momento, un poco más.

Fue un susto muy grande el que se llevaron los jóvenes al llegar a "la casa de los suburbios" y no encontrar a alguien. Lo peor era que estaba completamente vacía. Intentaban imaginar que podría haber sucedido y ya se disponían a llamar a la policía, cuando Leonor y María les salieron al encuentro con una gran sonrisa y mostrándoles sendos llaveros con las iniciales de cada uno, les explicaron que esas eran las llaves de su nuevo hogar.

Ahora ellos debían tener sus espacios, "el que se casa, casa quiere" bromeaba María, a modo de justificación por lo que habían hecho, mientras los jóvenes, entre contentos y confundidos, les reclamaban por aquel sacrificio. Leonor les explicó que los dos eran una pareja que recién se formaba, ellas esperaban que muy pronto estuviera completa con la algarabía de pequeños corriendo por los pasillos. Para cuando llegara ese momento, la casa debía estar lista y la única forma de lograrlo, era dando el paso que ellas decidieron durante la ausencia de ambos.

Jennifer estaba emocionada hasta las lágrimas, se abalanzó sobre su madre a quien abrazó con todas sus fuerzas y luego se lanzo sobre María que la apretó contra su pecho, dándole un beso en la frente.

Abdel sólo sonreía. No había imaginado semejante sorpresa. Parte de los últimos días antes de la boda, los había pasado sacando cuentas y haciendo cálculos para el futuro; ahora aquellas dos maravillosas mujeres le acababan de regalar su hogar, la casa donde viviría con su esposa, donde nacerían sus hijos... sentía que el pecho le estallaba de felicidad y no pudo aguantarse más, abrazó y besó muy fuerte a aquellas almas generosas que tanto les estaban ofreciendo, mientras que Jennifer se reía por aquella inesperada reacción de él.

Los planes de remodelación y cambios en la casa se hicieron presentes de inmediato. Jennifer quería pintar los interiores en colores claros, combinando blancos y pasteles. Abdel prefería los exteriores en un chocolate obscuro. Decidieron que serian ellos los que pintarían, querían decorar con sus propias manos, optaron por no amueblarla hasta que no estuviera pintada del todo.

Leonor les propuso que mientras redecoraban la casa podían ir a quedarse al apartamento de ellas, pero le respondieron que adelantarían mucho más si se quedaban allí porque así, tendrían todo el tiempo posible para dedicárselo a las tantas cosas que había que hacer. Además para descansar, a la joven pareja le era suficiente con un colchón en el piso, así que no aceptaron la invitación.

María les sugirió que cambiaran el piso, estaba desgastado y era de un estilo anticuado, cuando terminaran con el resto de las reparaciones y cambios, se notaria mucho más la diferencia, la pareja aceptó de muy buen grado la idea y la generosa mujer se hizo cargo de llamar a un amigo que se dedicaba a estas labores y que por un precio muy módico aceptó hacer el trabajo. La casa agradecía a ojos vista todo lo que se le hacía, los nuevos colores en las paredes le daban una sensación de amplitud que nunca antes había tenido; ayudaban los pisos de lozas grandes y muy blancas que competían con los cielo rasos en claridad. Un arreglo llevó a otro y la casa, poco a poco, fue quedando como nueva.

Con todos aquellos trajines, a Jennifer se le había pasado por alto un detalle, desde que regresara de su luna de miel no había llamado a Anabel. No era que la hubiese olvidado, eso jamás sucedería, solo que con la sorpresa que les habían dado, más los trabajos de reparaciones que exigían todo su tiempo, cuando llegaba la noche estaba totalmente agotada y además, no encontraba el momento oportuno para contactarla. Por lo menos esas eran las excusas que pasaban por su mente. Mientras tanto, la otra joven sin poder desahogarse con alguien, debía guardar en silencio la ansiedad que la embargaba con la espera de una llamada.

Una mañana de sábado sin previo aviso, se presentó ante la puerta de Abdel y Jennifer. Al llegar tocó el timbre y quien le abrió fue Abdel que se disponía a salir, debía ir a buscar unos materiales que estaban necesitando. La saludó en la puerta y le dijo que siguiera hasta la primera habitación, la que quedaba a la izquierda, Jennifer recién se estaba levantando. Le dio un beso en la mejilla a modo de despedida y salió en busca del auto.

Anabel esperó hasta que perdió de vista al hombre, una vez segura que ya Abdel se había alejado de la casa lo suficiente, cerró bien la puerta del frente y se encaminó a la habitación que él le indicara. Jennifer aun dormitaba sobre un colchón en el piso. Estaba medio desnuda, cubierta apenas con una fina sábana que permitía adivinar las soberbias formas que cubría. Anabel venía con muchas ideas y reclamos en su mente, se había jurado que una vez que le tuviera delante, le recordaría cada una de sus falsas promesas, le reprocharía su abandono, su largo silencio… pero al verla, al saberla allí, casi desnuda y tan cerca, su amor fue más fuerte y sin pronunciar una sola palabra, se abalanzó sobre ella tomando a Jennifer por sorpresa que no la había sentido entrar. Cuando la vio, su corazón dio un vuelco dentro de ella, se miraron emocionadas y sin pensarlo dos veces, quedaron prendidas en un fuerte abrazo.

En un instante, como si el contacto de los cuerpos hubiese producido una explosión en ambas, se dejaron llevar por los sentimientos, aquellos que desde niñas las acompañaban, no sólo se querían entrañablemente, también estaba la cuestión de piel, de olores, de secretos ritos que una realizaba en el cuerpo de la otra logrando entregas únicas e irrepetibles, donde los espacios ni el tiempo contaban. En ese momento se reiteraba lo que ya ambas sabían, estaban atadas una a la otra y no existía compromiso humano más fuerte que lo que ellas sentían.

El tiempo transcurrió de prisa, así lo sintieron las amantes que escucharon el motor de un auto apagarse delante de la casa. Era Abdel que regresaba de las compras, las dos se apresuraron a vestirse y se sentaron en el suelo de cualquier forma e hicieron como sí conversaran de banalidades, así las encontró Abdel cuando llegó a la habitación.

Pero había algo fuera de lugar en aquella escena, un extraño brillo en los ojos de su mujer, un olor diferente en el ambiente que por instinto, le pareció ajeno. No sabía qué pero algo allí, alertó a Abdel de que no era solamente una amistad lo que unía a aquellas dos mujeres. Después pensó que no debía dejarse llevar por las apariencias, que no tenía ninguna razón para dudar de su esposa, así que dominó sus sentimientos y no permitió que le ganaran la batalla. Les habló como sí no hubiese sentido algo al verlas, e incluso le pidió a Anabel que se quedara con ellos a almorzar. Por supuesto que ésta gustosa aceptó.

Pasaban los días y la casa cada vez lucia más acogedora, se las habían arreglado para llevarla a un estilo que aunque contenía todas las ventajas de lo moderno, conservaba ciertas características de la época de su construcción. La satisfacción y felicidad que sentía Abdel por lo logrado, solo se empañaba por las frecuentes visitas de Anabel, que llegaba de improviso y a cualquier hora, sobre todo cuando él no estaba.

Jennifer por su parte, había logrado compaginar los horarios del trabajo de su esposo con los de su amante de manera que vivía en una forma perfecta para ella, tenía una doble vida que no le costaba esfuerzo alguno. Durante la noche era la esposa complaciente y cariñosa de un hombre que la adoraba y que sabía sacar de ella la pasión más completa, y durante el día era la apasionada amante y fiel confidente de una mujer que la veneraba.

Una mañana Jennifer amaneció sintiéndose muy mal, incontrolables vómitos acompañados de fuertes dolores de cabeza, no le permitían mantenerse en pie. Abdel, acostumbrado a ver a su esposa como una fuerte joven que muy rara vez se enfermaba, se asustó mucho, por lo que opto por no ir a trabajar y la llevó al médico.

Con la primera revisión no llegaron a diagnóstico alguno, entonces fueron recomendados una serie de análisis que sin duda darían con el origen de aquellos síntomas. Fue una semana de preocupación para ellos, los días se les hicieron largos esperando los resultados. Por fin el viernes estuvieron las respuestas, acompañadas de la gran noticia, Jennifer estaba embarazada. Ambos se sentían extremadamente felices, aunque no podían negar que les tomó por sorpresa.

Del médico fueron directo para la casa de María y Leonor a darles la noticia, las mujeres no cabían dentro de ellas de felicidad. Aunque aun no eran ni las doce del medio día, abrieron una botella de sidra que conservaban de las navidades anteriores y brindaron con el feliz futuro papá, mientras que a Jennifer, por su condición, le dieron un delicioso vaso de jugo de naranjas. Entre risas, planificaciones y anécdotas, llegó la hora del almuerzo y todos coincidieron que la buena mano de Leonor para cocinar, era lo que faltaba en la celebración.

Poco después de almorzar, la joven pareja se despidió de aquellas mujeres que tanto amor les demostraban en todo momento. Abdel siempre sintió que desde su llegada a esa familia, lo habían incorporado de inmediato como un miembro más y cada día lo reafirmaba.

Las dos salieron hasta el balcón del pequeño apartamento, querían verlos tomar el auto y aun despedirles otra vez. Cuando ya los perdieron de vista entre el trafico de la ciudad, María miro fijo hacia aquel pedacito de mar que se abría paso entre dos grandes edificios en la costa y que era parte del haber decidido mudarse allí. Luego, lanzando un gran suspiro volvió su mirada al cielo y exclamó:

- Gracias, muchas gracias…

Después bajó la mirada hasta encontrar la de su compañera y le dijo:

- A ti también mi querida Leonor, para ti también van las gracias, desde lo más profundo de mi corazón.

Leonor no alcanzaba a entender el por qué de aquellas palabras y le preguntó:

- ¿Qué pasa María, por qué ahora ese agradecimiento? ¿Qué quieres decir con eso?

María, esbozando una de sus dulces sonrisas le agarró las manos y le respondió:

- Porque el día que Dios nos puso en el mismo camino y tú me permitiste entrar en la vida de ustedes, me abriste un mundo que nunca imaginé llegar a tener, hoy gracias a eso, voy a ser abuela y eso sólo se lo debo a Dios y a ti…

Con la compenetración que dan los años compartidos y la complicidad que le regala la vida a quienes se aman sin condiciones, aquellas dos mujeres se abrazaron muy tiernamente, era un abrazo de hermanas y amigas, la pasión que un día las uniera se había vuelto ternura y un cariño sereno; Leonor entonces, casi en un susurro le dijo:

- Vamos a ser abuelas, María, gracias a Dios tú y yo, vamos a ser abuelas…

Nunca antes las sonrisas y miradas de ellas habían tenido ese sentido, no habían llegado a tal grado de unión como en esa tarde, en el pequeño balcón del apartamento de Miami Beach.

A pesar de los malestares de Jennifer, ese día lo pasaron de visita en visita. Dejaron Miami Beach y llegaron hasta donde Abdel trabajaba para que revisara unos asuntos que había dejado pendientes, allí fueron objeto de felicitaciones, bromas y buenos deseos por parte de todos.

Después se fueron hasta "la casa de los suburbios" para que ella descansara un rato, se dieron un baño y de nuevo a la calle, porque esa noche le darían la noticia a los padres de él.

Cuando la relación de Abdel y Jennifer había comenzado, los padres de éste estaban muy contentos. Conocieron a Jennifer y les pareció muy agradable, bonita e inteligente, así que se habían sumado por completo a la alegría del hijo. Sin embargo, pasados unos meses, cuando el noviazgo se había convertido en algo solido y estaba la confirmación de la boda, el ánimo de ellos hacia aquella relación comenzó a cambiar. No tuvieron jamás una palabra ni un gesto que lo demostrara, pero muy discretamente fueron tomando una posición de reserva hacia la joven y su familia. Los dos resintieron el cambio pero como no podían explicar en concreto qué era lo que sentían, las cosas quedaron así y el curso de la vida continuó.

Llegaron a la casa de los padres de Abdel y cuando les dieron la noticia, hubo sincera alegría en las expresiones de afecto y las felicitaciones que se repartieron entre todos. De inmediato el papá del joven se puso a preparar la mesa, mientras la esposa le daba los últimos toques a la comida; el joven matrimonio, les había comunicado que irían esa noche por allá, sólo que no les dijeron lo del embarazo, así que ellos les esperaban para cenar sin tener la menor idea de la celebración en que culminaría la noche. A la hora de los postres y el café, Jorge, el padre de Abdel, sugirió que lo disfrutaran en la terraza de la casa. Aquel lugar era amplio, con enormes muebles de mimbre y mullidos cojines que Alina, la mamá del muchacho, había hecho como para darle un toque diferente a aquel pedazo de su hogar, lográndolo con muy buen gusto. Allí pasaban largas horas aquellos dos seres que ésta noche recibieran la hermosa noticia de que pronto serian abuelo. En aquel ambiente de celebración, de pronto Alina miró a su esposo y le comentó:

- ¿Ves? Tanto que te quejas del tiempo que paso en el jardín, ahora ya sabemos para quién es todo lo que hago aquí.

Los cuatro rieron ante la salida de Alina y más aún cuando Jorge le respondió:

- Si con las cosas que siempre estás inventando para la casa, apenas tienes tiempo para mí, cuando llegue el nieto ¡ni me vas a mirar!

En ese tono jocoso transcurrió el resto de la velada, hasta que ya casi a la media noche, el joven matrimonio se despidió. Tanto Abdel como Jennifer, se fueron con la sensación de haber sido injustos cuando creyeron que Jorge y Alina habían cambiado con ella, mientras el viejo matrimonio, comentaba que quizás fue precipitada la opinión que se habían hecho sobre la mujer de su hijo. Jorge, no pudo evitar decir:

- Puede que en realidad, sea una buena esposa.

- El tiempo mi amor, el tiempo lo dirá todo. –Le respondió Alina, como una sentencia.

Jennifer esperó ansiosa hasta que llegara la mañana siguiente, cuando al fin, pudo compartir la noticia con Anabel, que la recibió con desconcierto aunque simuló complacencia.

Un hijo significaba un lazo más de su amante con aquel hombre, era la base que solidificaba a aquel matrimonio, pensó. Sabía que éste era uno de los mayores sueños de la joven y tenía muy claro que ella nunca podría realizárselo, así que, como otras tantas veces había sucedido, se dijo a sí misma que lo que hiciera feliz a su amada, ella lo sentiría como su propia alegría, de hecho, haría todo lo posible por permanecer ahora más que antes a su lado para ayudarla en lo que fuera necesario. Le daría apoyo y haría que Jennifer compartiera con ella todo lo que iba sintiendo, llegaría a conocer hasta los menores antojos y en todo la complacería.

Ese día, imaginaron mil figuras para decorar la habitación de la criatura, propusieron muchos nombres, barajando la posibilidad de cualquiera de los sexos. Hablaron de colores y espacios, de telas, biberones, soñaron despiertas hasta con el primer año del bebé y cuando llegó la hora de separarse, después de los besos y las caricias de cada despedida, Anabel se arrodilló frente a Jennifer para darle un beso en el vientre, como el primer "hasta mañana" para aquella criatura que ya consideraba de las dos.

****

Capítulo IX

Todos comenzaron a mimar y sobreproteger a Jennifer que a medida que le crecía el vientre se ponía más melindrosa. Lo hacía no porque se sintiera enferma, todo lo contrario, estaba llevando la maternidad con una salud de hierro y una fuerza increíble, era que le encantaba saberse el centro de toda atención. Se sentía como si hubiera vuelto a ser pequeña, cuando Leonor y María le daban todos los gustos. Sólo que esta vez, además de las nobles mujeres, estaban Abdel y Anabel que le complacían el menor de sus caprichos. Y hasta sus suegros enviaban diferentes golosinas cada vez que podían, para matarle los antojos. Su estómago había dejado de rechazar los alimentos y podía comer lo que le apeteciera pues los doctores no le habían limitado en algo. Así pasaba los días, en principio fue la remodelación y los cambios que quería le hicieran a la que había sido su habitación y que ahora sería para el nuevo componente de la familia, después las compras de la canastilla del bebé y por último las clases y ejercicios pre-natales. En todo esto, Anabel permanecía a su lado constantemente, aceptando de mala gana que las visitas mensuales al obstetra eran sólo entre Jennifer y Abdel.

Nuevamente, con los contactos de María y la ayuda económica de ambas mujeres, se llenó la casa de latas de pintura, brochas, y maderas que de a poco, se fueron convirtiendo en el pequeño mundo que esperaba a su futuro huésped.

La vida en ese tiempo, también se le revolucionó a Abdel, que fue adquiriendo responsabilidades en el mismo orden que la barriga de Jennifer crecía.

Cada vez que regresaba del trabajo, siempre había algo que hacer; si no sustituía a un carpintero, tenía que lidiar con los pintores que trabajaban en la habitación del bebé. Fue así que cayó en la cuenta de que muchos de los detalles que la iban cambiando, nunca habían sido comentados con él. Pero aún en ese tiempo, no le lastimaban tanto esas cosas. La llegada de su hijo lo llevaba a estar por sobre cualquier pensamiento o dudas.

Cuando no tenía que cooperar con los quehaceres de la casa, se dedicaba a darle masajes a su esposa que ya se le estaban comenzando a hinchar las piernas. También tenía que atender a un segundo trabajo que podía hacer desde la casa y que decidió comenzar no sólo por el aspecto económico, muy necesario en aquella etapa, si no por ser un proyecto que llevaba pensado desde hacía algún tiempo y que le pareció apropiado terminar.

Por fin, el recibimiento del bebé estaba listo. En el baby shower, que había sido organizado por las abuelas de ambas partes y que quedó espectacular, amigos y familiares les obsequiaron todo cuanto faltaba por ser comprado, así que cada detalle había sido cubierto.

Jennifer y Abdel se habían negado a saber el sexo de la criatura, por lo que los colores que se usaron en la fiesta, en la renovación de la habitación, las ropitas de la canastilla y los muebles, eran combinaciones entre diferentes tonos pastel de amarillos, verdes y desde luego blanco.

Una linda mañana de Enero, cuando Acuario llegaba a su cúspide y los rayos del sol anunciaban un día espectacular, también llegaron los dolores a Jennifer, anunciándole la hora de salir para el hospital. Todo estaba preparado. En un pequeño maletín con una graciosa jirafa bordada, habían acomodado las primeras ropitas que la criatura se pondría; una linda combinación tejida en hilos de lana, en blanco con pequeños botones en verde muy claro y con las medias y una boina del mismo material y colores. Como el clima de la Florida es más bien caluroso, no esperaban que hiciera mucho frio, así que le cubrirían al salir, con una simple manta bordada.

Para la mamá pusieron un amplio batón abotonado por delante y unas sandalias sin tacón, de forma que ella se sintiera cómoda en esas ropas y pudiera tener a su bebé en brazos sin problemas.

Abdel estaba casi tan nervioso como Jennifer, pero igual pudo cumplir la promesa que había hecho de avisar enseguida a sus padres y desde luego, a Leonor y María.

Cuando llegaron al hospital, ya todos estaban allí esperando, incluida Anabel, que intentó por todos los medios quedarse cerca de la parturienta.

El pre-parto fue un largo y doloroso proceso, porque aunque ya había dilatado un poco y las contracciones se hacían sentir cada vez más fuertes, su organismo no terminaba de acondicionarse para el alumbramiento natural. Entonces los médicos, para evitar que se produjera alguna complicación, le explicaron a la pareja que debían realizar de inmediato una cesárea, antes que la criatura o la madre estuvieran en riesgos mayores. Gracias a la rapidez y pericia de los médicos, al fin salió una hermosa niña de casi ocho libras, que saludó al mundo con un fuerte llanto, demostrando la buena salud de sus pulmones.

A la niña la nombraron Leticia, ése era el nombre de la muñeca preferida de Jennifer que siempre dijo que sí un día tenía una hija, la llamaría así. Ahora aquel juego infantil se había hecho realidad y esta nueva Leticia era una hermosa muñeca de carne y hueso que había llegado a complementar su felicidad. Jennifer por ser tan sana y fuerte, se recuperó pronto de la cirugía y tres días después del nacimiento, madre e hija se fueron a su casa.

Los primeros días se hicieron muy difíciles, la herida causaba muchas molestias pero sobre todo dolor. En ese primer tiempo no pudo alimentar a la niña con su leche porque estaba tomando antibióticos como prevención por la cesárea. De modo que cada dos horas había que prepararle una fórmula a la criatura. Para que no se le secaran, debía sacar la leche de sus pechos con un extractor; esto debía hacerlo cada dos horas también y hasta que terminara con los medicamentos y pudiera amamantarla de forma natural. Por todo esto, necesitó que hubiera alguien siempre a su lado y los primeros días tanto Abdel, como su mamá y las dos madres de Jennifer, se fueron turnando de manera que nunca quedaran sin compañía.

A Jennifer le daba terror estar sola con la niña y no saber cómo bañarla, cuidarle el ombliguito o simplemente cargarla; eran los temores típicos de la mayoría de las primerizas, por eso todos coincidían en que se justificaban esos miedos, haciendo el máximo posible por continuar al lado de ambas.

Más las semanas pasaban y cada cual debía ir retomando sus responsabilidades y actividades diarias. Todo indicaba que Jennifer tendría que adaptarse. Entonces Anabel se ofreció para acompañarlas. Estaba trabajando de noche como supervisora de una compañía de seguridad, así que tenía los días completamente libres.

Jennifer enseguida estuvo de acuerdo, vio la oportunidad de poder estar con Anabel a su lado, sin llamar la atención. ¿Quién mejor que su amiga desde la infancia, para que le ayudara y acompañara en esos momentos?

Tanto Leonor como María no estuvieron de acuerdo, dieron muchas razones para evitar que aquello sucediera, incluso argumentaron que era demasiado esfuerzo por parte de Anabel, que ella debía descansar y que estar atendiendo a una criatura tan pequeña demandaba estar bien despierto.

Ellas tenían muy presente la relación que había existido entre aquella muchacha y Jennifer, lo menos que querían era que estuvieran cerca una de la otra.

Pero por otro lado, tampoco podían ser muy insistentes en sus negativas, debían tener mucho tacto al manejar aquello, si se aferraban a un no total, podían levantar sospechas, por lo que finalmente aceptaron la posibilidad de la ayuda, esperanzadas en que muy pronto la joven madre no tendría que necesitar compañía alguna y sin más comentarios, dejaron las cosas así.

"La casa del suburbio" se convirtió en el lugar ideal para las fantasías de aquellas dos mujeres, donde el sueño de vivir juntas formando una familia, se convertía a diario en una media realidad. No había día en que Anabel no se apareciera con algún detalle para la casa o con flores para Jennifer; velaba desde una cuadra anterior, hasta que veía el auto de Abdel salir rumbo a su trabajo y entonces llegaba, sintiéndose dueña de ese territorio. Los días pasaban y ellas dedicaban toda su atención a la criatura, disfrutando ambas de lo hermoso que es ir descubriendo la vida a través de los ojos de un bebé. Cada avance que la pequeña lograba, lo celebraban ellas como si de la hija de ambas fuera. La fotografiaban sin cesar y cuando la niña dormía, se entretenían en hacer el resto de los deberes de la casa, compartiendo todo lo que allí sucedía. Pronto el saludable cuerpo de Jennifer se recupero por completo, permitiendo que los escarceos amorosos entre ellas se reanudaran. Con la madurez que la maternidad le había impreso al cuerpo de Jennifer, descubrió Anabel una forma renovada de amarla, su figura era ahora la de una real hembra y cuánto no habría dado ella por tenerla sólo para sí.

    También la casa cambiaba con el cuidado de ambas mujeres. Por eso lo que un día estaba en un lugar, quizás la próxima semana estaba en otro, desconcertando cada vez al pobre de Abdel, que poco a poco iba sintiendo que las cosas en su hogar ya no eran iguales. Por lógica la presencia de Anabel comenzó a hacérsele pesada, sentía que por alguna razón la rechazaba cada vez más. Ya Leticia estaba por cumplir su primer año y Anabel continuaba viniendo a diario a la casa. Un día que llegó antes de la hora de costumbre, encontró a las dos mujeres moviendo cosas de la habitación que era su oficina, para acomodar unas cajas con artículos de cocina que Anabel había sustituido por unos que ella había comprado. Pensó que esa sería la gota que colmó la copa, porque ya en distintas ocasiones Abdel le había dicho que ya no era necesario que estuviera viniendo, pero ella insistía y continuaba llegando a diario, haciendo caso omiso a sus palabras.

    Por educación, más que por otra cosa, esta vez tampoco dijo algo, callándose la molestia que le había ocasionado el encontrar a aquella mujer removiendo sus cosas.

    Al fin de semana siguiente, cuando por estar él en casa, la amiga de su mujer no tenía por qué venir, Abdel decidió hablar al respecto con Jennifer, dejándole saber que se sentía incómodo con la presencia de Anabel todo el tiempo en la casa. Le explicó que ellos habían perdido, no sólo la privacidad como pareja, tenía la sensación de no poder decidir tampoco sobre su hija porque Anabel siempre estaba dando opiniones que él no le había pedido o tomando la iniciativa en cualquier cambio o problema que surgiera en su hogar.

    La respuesta que recibió de su esposa fue totalmente lo

contrario de lo que esperaba. Jennifer justificó la presencia de Anabel, negándose a permanecer sola en la casa durante el día porque a ella, según le explicó, se le volvía muy difícil el cuidado de la casa y el atender a Leticia. Abdel entonces le propuso contratar a alguien que la ayudara con las labores de la casa, a lo que ésta se negó rotundamente, alegando que él sabía muy bien que a ella no le gustaba meter personas extrañas en su casa y mucho menos que ella y la niña estuvieran solas con esa persona.

En la forma que Jennifer le había casi gritado toda aquella explicación, le dio a Abdel un gran dolor, no esperaba que su mujer se alterara tanto por algo que consideraba justo. Entonces pensó que las inseguridades que tenía Jennifer, quizás fueran inculcadas por su amiga, o a lo mejor, por el exceso de malas noticias que se publicaban a diario y que ella le comentaba siempre, con gran preocupación. Optó por dar aquella conversación, que terminó en disgusto, por concluida y trató de pasar el fin de semana lo mejor posible junto a su familia.

Las cosas estaban de esta manera cuando llegó el primer cumpleaños de Leticia.

Todos los abuelos, hicieron de aquel día un gran acontecimiento. Mandaron a hacer una piñata con la figura de la Sirenita Ariel y su inseparable Sebastián el cangrejito, por lo que el resto de la fiesta estaba inspirado en el mismo tema. Un pastel que simulaba el fondo del mar con los mismos personajes, llamó mucho la atención porque despedía un olor delicioso. Alicia estaba feliz, ella y Jorge habían rentado un lindo parque en la zona de West Miami que tenía al centro una glorieta blanca donde, en unas largas mesas, colocaron la gran variedad de dulces y pastelería que habían encargado. Las sillas las distribuyeron debajo de los frondosos árboles del lugar y a un costado de la glorieta colgaron la enorme piñata, quedando todo a solo unos pasos de un área con arena, donde estaban los columpios y otros juegos para los niños invitados. Leonor y María se encargaron del fotógrafo y del señor que hizo el vídeo, también del mago y los payasos que además, pusieron la música de la fiesta. Abdel contrató a una compañía que le rentó unos inmensos castillos inflables donde los pequeños invitados saltaron y jugaron hasta el agotamiento; Anabel, por no ser menos, contrató a un grupo que rentaba caballitos ponis por hora, ella sabía cómo le gustaban a Jennifer esos animales cuando era pequeña, así que lo hizo para alagarla a ella más que por la fiesta en sí.

Leticia era la bebita más linda de la fiesta, como era tan dulce y tranquilita, estuvo de brazos en brazos toda la tarde, hasta que se quedó profundamente dormida. La fiesta, después de terminada en el parque, fue trasladada a la casa de los padres de Abdel. Por evitar problemas ese día, no se fue Jennifer con Leticia ya dormida, para su casa. Pero esa había sido su intención, cuando Leonor se dio cuenta y la paró en seco.

- Ésta es la casa de tus suegros, los abuelos de la niña, aquí estamos tú familia y la de tú esposo, si alguien se quiere ir, aquí no se está obligado pero tú, sí te tienes que quedar.

Lo dijo en un tono lo suficientemente alto como para que Anabel lo escuchara, porque la había visto con las llaves del auto en la mano, pero de una forma lo suficientemente discreta para que ninguna otra persona se diera cuenta de lo que estaba ocurriendo.

Jamás había escuchado Jennifer a su madre hablarle de esa forma, se quedó callada y dándole una mirada muy discreta a su amante, fue a sentarse al lado de Abdel, aun con la niña en brazos. María, desde donde estaba sentada, no pudo escuchar que dijo Leonor, pero como la conocía tanto, supo que algo no estaba bien. Así terminó aquella gran fiesta, que quedaría en la memoria de todos como la celebración más significativa en muchos años para las dos familias.

****

Unos meses después del cumpleaños de Leticia, la relación de Abdel y Jennifer se había tornado extremadamente tensa, él abiertamente no aceptaba más que Anabel continuara todos los días en la casa y Jennifer, se negaba a dejarla ir y menos aún, que Abdel se atreviera a decirle algo.

Las discusiones se acrecentaban de día en día, ya el desesperado marido no sabía cómo tratar el tema con una esposa que apenas le daba la oportunidad de explicarle el por qué de sus quejas. Una tarde en la que Abdel, cada vez más desesperado, volvió a intentar un dialogo con Jennifer, ésta se le reviró como si le hubieran dado una descarga de electricidad, sorprendido vio como de repente la madre de su hija se convertía, justo allí delante de él, en un ser totalmente ajeno que le gritaba sin cuidado ni piedad alguna:

- Escúchame bien Abdel, amo a Anabel. Llevamos una relación en la que no voy a permitir que te entrometas y para que te quede claro de una vez y por todas, no existe razón en este mundo lo suficientemente grande ni fuerte para que yo deje a esa mujer jamás.

Abdel recibió aquellas palabras como un balde de agua helada. De repente por su memoria pasaron imágenes tras imágenes todas las veces que vio, o más bien intuyó que algo no estaba claro en aquella amistad. Su esposa lo había estado engañando durante todos estos años, ante sus ojos y en su propia casa.

Ahora podía entender aquel rechazo, sin razones aparentes, que siempre había sentido hacia la amiga de su esposa. Era un instinto natural que le estaba alertando y que nunca quiso escuchar.

Era tanta la ira que sentía que prefirió irse sin pronunciar ni una palabra, temía perder el dominio de su mente, de su cuerpo y cometer una locura de la cual tuviera que arrepentirse el resto de su vida.

Se levantó de la silla donde estaba sentado cuando intentara iniciar su, ahora la veía muy tonta, conversación con Jennifer y salió hasta la calle, sentía que le faltaba el aire, que las venas de su cabeza le estallarían de un momento a otro, fue hasta el auto, automáticamente lo encendió y se alejó de la casa sin mirar atrás.

Mientras conducía, en su cerebro se formaba una especie de relámpago que llegaba desde el mismo infierno para destruir aquel maravilloso planeta donde se encontraban todos sus sueños y que desde hacía unos minutos había colapsado para siempre, perdida toda bondad.

Ahora no habría sol ni fulgor en las palabras. En sólo un instante, su corazón sintió que era ése el momento cuando el hombre maldice su origen y siente en la sangre como se vuelve repulsivo el mundo.

Llegó por instinto a la casa de sus padres, Jorge le abrió la puerta y se quedó de una pieza cuando miró el rostro de su hijo. Alicia, que había escuchado el auto llegar, entro desde el patio trasero a recibirle pero quedó aterrada cuando le vio la expresión que su hijo traía marcada en la cara.

No hicieron preguntas, conocían a Abdel lo suficiente como para saber que lo que le estaba sucediendo lo había llevado hasta allí para poder conseguir las fuerzas que necesitaba en ese momento. Estaba buscando un refugio donde protegerse, era obvio que necesitaba aclarar sus ideas y quizás más adelante les comentaría algo o hasta pediría algún consejo.

Lo dejaron avanzar hasta la que había sido su habitación y que aún permanecía tal cual la dejara el día que se casó con Jennifer.

Allí se encerró por muchos días, convirtió aquel dormitorio en una especie de tumba, donde se enterró con sus ilusiones tronchadas, pudriéndose en el rencor y el odio.

Se sintió olvidado de Dios y de los hombres, tuvo delirios, gemía en sueños, llorando duelos que le salían desde los huesos. Las llaves de la vida se habían roto para él, pero las de la muerte no le llegaban todavía.

Sus padres sufrían en aquel silencio impuesto por el respeto que sentían ante las decisiones de Abdel. Sabían que siempre había sido un ser racional y esperaban que en cualquier momento les daría la explicación que les permitiera entender lo que pasaba. Alicia se desesperaba al verlo hundido de esa manera, sabía que lo que le estaba sucediendo a su hijo era por culpa de algo que Jennifer había hecho. No quería arriesgarse a especulaciones que no la llevarían a lugar alguno, pero su instinto de madre le decía que lo que sintiera desde el principio en contra de su nuera se estaba convirtiendo en realidad.

Una y otra vez le pedía a Jorge que hiciera algo por Abdel, pero el pobre padre también sufría, sintiéndose impotente al no poder hacer otra cosa que tratar de salvarle el trabajo a su hijo, inventando una enfermedad nerviosa que le había obligado a irse de su casa por la niña, buscando reposo y atención en la casa de ellos.

En cambio Jennifer seguía su vida como si nada hubiese ocurrido. Cuando Abdel salió aquella tarde de la casa, llamó de inmediato a Anabel para contarle todo, le advirtió que por precaución no se verían en dos o tres días pero le pidió en cambio que fuera alistando sus cosas porque pronto se mudarían juntas.

A la mañana siguiente llamó a Leonor para contarle lo sucedido y antes que la madre pudiera decirle ni una palabra, le hizo saber su decisión de traer a vivir con ella a Anabel y cortó la comunicación.

Las mujeres quedaron espantadas ante la noticia. De inmediato salieron para "la casa del suburbio", tenían que hacerla entrar en razón, no era solamente su matrimonio lo que había destruido, estaba la niña.

Llegaron y una mal encarada Jennifer les abrió la puerta, a pesar de ese mal recibimiento, entraron e intentaron razonar con ella. María le quiso explicar cuanto podía llegar a sufrir si la sociedad se enteraba de su elección sentimental. Jennifer por toda respuesta, le dijo irónicamente:

- Ustedes dos deben saber mucho de eso, ¿verdad?

Leonor se acercó a su hija con la intención de darle una cachetada pero María se interpuso, evitando que la mano de la madre llegara al rostro de la hija insolente.

Como siempre lo había hecho, con esa bondad infinita y aquel amor inmenso que le tenía a quien ella llamó siempre su niña, María le respondió:

- Sí Jennifer, porque sabemos de eso, porque vivimos muchas cosas juntas y también porque hemos sufrido mucho en la vida, es por lo que nos atrevemos a opinar de la tuya. –Leonor se paró al lado de María, como apoyando lo que ésta había dicho. La buena mujer continuó:

- Pero te prometo que de ahora en lo adelante sólo tendrás de nuestra parte las mismas palabras que te dije el día que Abdel te propuso que te casaras con él.

Y Leonor, que entendió todas las razones que María tenía en su corazón para hablar de aquella manera, recordó en voz alta:

- Hija sin importar qué, haz lo que tu corazón te dicte. Lo que diga tu corazón será lo correcto.

Jennifer, medio cohibida por su actitud anterior, se abrazo a sus madres, pidiéndoles disculpas y agradeciéndoles todo lo que hacían por ella.

Ya se iba la tarde cuando las dos mujeres dejaron la casa, se despidieron de la nieta con dolor en sus corazones, sentían que aquella criaturita no debía de pasar por lo que sin dudas sucedería ante la elección que había hecho la madre. Ellas bien lo sabían... Pero se fueron convencidas que no había algo que se pudiera hacer para que aquella joven desistiera de sus ideas.

Para tratar de aliviar, aunque fuera un poco, la ausencia del padre en la casa de la nieta, se hicieron cargo de servir de puente para que Leticia mantuviera el contacto, no sólo con Abdel, sino con Alicia y Jorge también. Para el desesperado matrimonio, verlas llegar cada dos domingos a la hora del almuerzo y con la pequeñita, era como un bálsamo que María y Leonor les regalaban. Por su parte las dos mujeres sentían que era deber de ellas para con aquella familia, el intentar suavizar las consecuencias de las decisiones de su hija.

Jennifer siguió adelante con todos sus planes, buscó un abogado e inició los trámites de divorcio contra Abdel. También se buscó un trabajo de medio tiempo, que le permitía cierta independencia económica, el resto lo resolvía con Anabel que ya estaba asumiendo su parte en la nueva familia.

Por discreción, acordaron que no vivirían juntas hasta que el proceso del divorcio no terminara, pero igual se veían a diario y hasta comenzaron una nueva pero pequeña renovación en la casa.

Lo primero que hicieron fue cambiar el color por fuera, del chocolate que Abdel le había dado, la transformaron en un pedacito de cielo dándole dos tonos de azul claro en combinación con blanco.

Al viejo rosal se unieron dos nuevos, uno era de rosas de un rojo intenso y el otro daba pequeños ramilletes de rosas rosadas.

Dentro de la casa, la habitación del matrimonio fue la que más cambios tuvo, vaciaron los cajones y el closet de la ropa de Abdel, empaquetándolas en cajas que luego enviaron a la casa de Alina y Jorge. Las paredes pasaron de un verde seco a un lila pálido y también el juego de cuarto, de su original color caoba, se convirtió en blanco puro. Discretas cortinas en tono violeta completaron la combinación que hacían nuevos cojines del mismo color en la cama y la silla del tocador. Todo lo hacían entre las dos, que mientras más tiempo pasaban juntas, más necesidad tenía una de la otra.

Mientras, Abdel alimentaba sus rencores y mantenía en

absoluto silencio todo lo que había sucedido aquella terrible tarde en la que fuera su casa. Sus padres, un poco más tranquilos al creer que el origen del proceder del joven era la reacción por la demanda del divorcio, comenzaron a abrigar la esperanza de que tarde o temprano el muchacho se recuperaría de todo aquello y volvería a su vida habitual de soltero. Pero aquel hombre que en un tiempo fuera excelente trabajador, creador, amigo y ser humano, no se daba ni por enterado de los esfuerzos que hacían todos los que le querían bien para logra que saliera de aquel estado.

Por muchas gestiones que hizo Jorge, no pudo mantenerle el trabajo. Abdel estaba muy mal, no superaba la separación y se entregó por completo al alcohol, como único consuelo.

Qué lejos estaban todos de pensar que éste moría día a día en la obscuridad de su habitación, con la única presencia de un cuervo que alguna vez tocaba en su ventana.

****

Terminados los trámites del divorcio, que Abdel aceptó sin cuestionamientos, Jennifer hizo pública su relación con Anabel.

Ahora sí que vivieron felices. Tenían todo el tiempo y todo el espacio del mundo para proclamar su amor.

Pero entonces, como para reafirmar que la felicidad jamás es completa, fue la pequeña Leticia quién les trajo la única sombra de preocupación que tenía la nueva pareja. La niña comenzó a dar muestras de retardo en el habla, por eso la mamá luchaba incansablemente con el problema; no daba tregua a los médicos, buscando diagnósticos y segundas opiniones. Ambas mujeres hacían investigaciones por sus cuentas para encontrar las razones o el origen de ese retraso. Pero pasaba el tiempo y la pequeña Leticia seguía creciendo con ciertas limitantes que cada vez eran más evidentes. Su conducta era la de una niña retraída. Parecía que no se esforzaba en hablar por no querer comunicarse.

Hasta que un día, dentro de los tantos especialistas que ya la habían visto, hubo un psicólogo que sugirió las terapias de familia.

Eso podría ayudar mucho a la niña, comentó. Y se apresuró a aclarar que para que la terapia fuera realmente efectiva, también era necesaria la presencia del padre.

Había transcurrido año y medio desde el divorcio y Jennifer y Abdel no habían vuelto a tener contacto alguno. Las pocas veces que él vio a la niña en todo ese tiempo, era porque sus padres intentaban el contacto, vigilando siempre que no estuviera borracho o en una de sus crisis de terrible humor. Ellos trataban por todos los medios que aquellos dos seres que amaban tanto, tuvieran una aproximación para el bien de ambos, por eso cuidaban que los encuentros no fueran traumáticos para alguno de los dos.

Jennifer siempre estuvo de acuerdo en que Abdel viera a su hija, tenía muy claro que lo que había sucedido entre ellos, nada tenía que ver con la relación de padre e hija.

A través de Leonor y María, que querían mucho a Abdel, supo de las terribles crisis por las que estaba pasando. Las dos mujeres, siempre que las circunstancias lo permitían, trataban de estar aunque fuera algunos minutos con él también. Por eso al enterarse de lo que el terapista había sugerido para el tratamiento de Leticia, tuvieron ciertas reservas en cuanto a que aceptara cooperar, no porque no quisiera a la criatura, el problema estribaba en el lógico resentimiento que tenía contra su ex esposa. Desde luego que él llevaba razón en sentir de esa manera. Eso era indiscutible, así que como lo pensaban se lo hicieron saber a ella

Pero Jennifer sentía que debía hablar con él. Ahora era algo diferente, era su hija la que los necesitaba y por esa criatura lo que se tuviera que hacer siempre sería poco. No encontró otra forma más simple de acercarse, que ir directamente a la casa de Alina y Jorge, así que sin pensarlo dos veces, dejó a la niña con Anabel y salió en busca de Abdel.

Cuando Alina vio a Jennifer en la puerta de su casa, fueron muchos los sentimiento e ideas que le vinieron de golpe; no sabía si cerrársela en la cara, decirle todo lo que pensaba de ella o darle la oportunidad de que dijera por qué estaba allí. Jorge llegaba de la calle en ese momento, así que con su entrada, facilitó la situación para Jennifer y controló un poco la actitud de Alina.

- ¿A qué debemos tu visita? – Preguntó Jorge en tono seco y

sin que mediaran saludos.

Jennifer sabía que algo así podría suceder, venía preparada para eso.

- Ustedes saben lo que está sucediendo con Leticia, necesito hablar con Abdel sobre eso, es urgente y no me moveré de aquí hasta que no logre hablarle, así que les pido por favor que no se entrometan.

Acto seguido, salió caminando directamente para la habitación de su ex marido, sin darles tiempo a reacción alguna.

Jorge la iba a seguir para intentar detenerla pero Alicia lo detuvo poniéndole una mano en el hombro.

- Déjala, -le dijo- no debemos meternos en las cosas de la niña, para eso son sus padres…

-No me gusta lo que va a salir de ésta visita, -le respondió él- aunque sea por buscar solución al problema de la niña…

- Esperemos que después de esto, no se empeore la situación de nuestro hijo –fue el comentario final que hizo Alina, con la voz entrecortada por la tristeza.

Un escalofrío recorrió el cuerpo de Jennifer cuando se vio frente a la puerta de aquella habitación. Llegaron a su memoria las tantas veces que entró allí para que Abdel le mostrara alguno de sus libros, revisar cualquier trabajo de clases, o simplemente era la disculpa para tener un momento a solas y robarse algunos besos y caricias. El rostro se le cerró en una mueca de añoranzas tristes, pero pronto cambió de actitud. No estoy aquí para recuerdos, pensó, vine a resolver un problema de mi hija.

Con los nudillos de su mano derecha, golpeó a la vez que decía:

- Abdel, soy yo Jennifer, necesitamos hablar, es sobre Leticia, necesito hablar contigo sobre ella.

- No quiero hablar con nadie… y mucho menos contigo. – Respondió él con una voz carrasposa y cortante.

- Por favor Abdel, sé que no quieres hablar conmigo, te entiendo pero esto no es por nosotros, es por la niña, por favor, ábreme la puerta…

La voz de ella se había suavizado un poco, el escucharlo y saber que ahora sólo una puerta los separaba, le provocaba una extraña sensación de mariposas en el estómago.

No se habían vuelto a ver, ni siquiera por el divorcio, los abogados se habían encargado de todo por lo que ningún contacto entre ellos fue necesario. Y ahora ella estaba allí, frente a una puerta que él se negaba a abrir y lo más penoso era que ella sabía y comprendía por qué...

Después de un silencio que a todos en aquella casa les pareció eterno, se sintió el sonido de un picaporte y después la voz de Abdel que decía:

- Entra, ya quité el seguro.

Cuando abrió la puerta y lo vio allí, muy delgado, con el pelo y la barba larga, en un pantalón de pijama, descalzo y mirándola como si fuera una visión, sintió que las fuerzas le faltaban; no pudo evitar que el espacio se llenara de "sin embargo"...

Entonces sintió su olor, aquel olor que la cautivara desde la época escolar, cuando solamente eran compañeros de clases, el mismo olor que la enamorara hasta hacerle perder la cordura, hasta buscar la entrega, hasta sentirse en el cielo, hasta dejar de ser ella para convertirse en una parte de él

Parada allí, a unos pasos del padre de Leticia, descubrió de repente que tenía que reconocer que ella también necesitaba de aquel hombre, que florecía ante el aún cuando siempre se había negado a aceptarlo...

En un nuevo intento de controlar aquellos pensamientos, se reclamó que no estaba allí por ellos dos, no había ido a eso, sólo debían hablar de la niña...

Estuvieron mirándose fijamente a los ojos, mientras sus mentes no paraban de generar montones de preguntas que quedaban sin respuestas porque para esos recuerdos, para esos sentimientos que ellos tenían, la única respuesta estaba en sus cuerpos. Él se fue levantando lentamente de la cama, sin dejar de mirarla, dándole el frente no sólo a su presencia, también se enfrentaba a los dolores pasados, a la impotencia, a la vergüenza, pero sobre todo al amor.

No había que pronunciar palabras, sabían que estaban atrapados en esa guerra que el deseo guía y que era otro modo de vencer a la muerte.

Cuando aquellos dos cuerpos, libres ya de las ropas que los cubrieran, chocaron piel con piel, el universo se colmó de luces que hasta ese día habían estado apagadas por el rencor y el olvido; con un beso se elevaron hasta la galaxia en que se sanan los corazones y comenzaron ese andar despacio por los caminos del sexo, que se hacía nuevo por el tiempo y las ganas.

Ella se abría a una entrega diferente, sus carnes recobraban la memoria de aquel tacto, recuperando latidos, sintiendo dentro de ella el calor de la vida que él le daba al penetrarla; el otro silenciosamente, la reconocía en cada centímetro piel. Aquella mujer había sido amada por él de muchas formas y hoy la volvía a tener entre sus manos. No hubo fantasía que no realizara en ella, ningún espacio se libró de sus besos ni sus dedos. Los labios repasaron cada ángulo, cada entrada… Varias fueron las entregas de aquellos dos seres en su reencuentro y cada una llegó más fuerte, más sentida que la anterior, hasta que una última y definitiva los sumió en el letargo de la carne satisfecha, de las rabias desahogadas, en silencio habían convertido sus dos corazones en uno y éste naufragó.

Pasada la euforia del placer sentido, se sentaron aún desnudos en la cama y haciendo el más puro acto de valentía, se atrevieron a enfrentar lo sucedido. Conversaron como adultos, como enemigos, con inocencia de recién nacidos, se enfrentaron como los sobrevivientes de una gran tormenta, condenándose uno al otro, criticándose duramente pero al final, aceptaron el no poder vivir separados el uno del otro.

Sólo existía algo que no podían pasar por alto, Anabel. Jennifer le hizo entender a Abdel que jamás la podría dejar, ella era su amor primero. La amaba tanto como lo amaba a él. Eran amores diferentes, pero los amaba a los dos en igual medida. Puesta a escoger no sabría cómo continuar sin alguno de ellos.

Estallaron entonces los reproches, una vez más los torcidos túneles por donde transitan los celos, los complejos y los tabúes, llevaron de la mente a la boca de Abdel palabras que jamás habría dicho de no sentirse perdido en esos laberintos.

Pero más alto fue el sonido de la soledad, de los espacios sin piel, de los sentidos sin olores ni tacto, de una geología sin Jennifer. Vencido entonces ante esa realidad, sólo le pidió tiempo para aceptar la idea. Para vivir los cuatro juntos como una gran familia.

Jennifer se fue tarde esa noche, con la certeza de un amor incondicional, con los sentimientos tan enredados entre dos nombres que apenas podía distinguir cual latido de su corazón era para quién. Pero con la tranquilidad de haber resuelto todo por lo que fue ese día a aquella casa… Sin ella darse cuenta, una extraña nube obscura le seguía los pasos.

Detrás quedó Abdel, aún lleno de preguntas sin respuestas, con el olor de aquella mujer dentro de cada poro, con el sabor de aquel cuerpo que amaba más que a todo en el mundo y con la convicción de que todavía no se había dicho la última palabra. Y en la amplia y bien cuidad terraza, al otro extremo de la casa, unos padres quedamente, elevaban una plegaria al Universo…

Llegó a su casa poco antes de la media noche, ya la niña estaba dormida pero Anabel la esperaba sentada en la sala, mirando a cada momento el reloj que habían comprado en una casa de antigüedades y que daba los cuartos de hora con tres notas musicales. Mientras esperaba el regreso de su amante, había retirado la cena que prepara desde temprano segura del regreso de Jennifer en poco tiempo. Ante la demora de su pareja había pasado por todos los estados anímicos, desde la duda por la gestión que había ido a hacer, hasta una crisis de celos, imaginándose a la ex pareja conversando animadamente en cualquier lugar de la ciudad. Por último había comenzado a preocuparse porque para hablar sobre los problemas de la hija, no eran necesarias más de un par de horas… No la había querido localizar porque le parecía imprudente el estar persiguiéndola telefónicamente, aunque si le hubiera sucedido algún accidente, podían haberle avisado, ¿no?

Ya con la mano puesta sobre el teléfono, sintió el sonido del automóvil que llegaba a la casa. Se levantó como un resorte y fue a abrirle la puerta.

La vio sonriente, tranquila, con aquella cara de "victoria" que conocía tan bien. La abrazó, intentando trasmitirle todo lo que había sentido en su ausencia. Pero al tenerla entre sus brazos, hubo un leve gesto que le alertó, algo no estaba igual.

Jennifer, tratando de no comenzar una discusión a esas horas, le comentó simplemente que Abdel había aceptado participar de las terapias de familia, que en principio se había portado un poco renuente hasta para hablar con ella pero que luego de a poco, había entrado en razones. Hablaba sin mirarle a la cara, esquivando cualquier contacto visual que dejara traslucir su estado de ánimo. En aquel momento, aun en frente de su pareja, Jennifer se sentía como si caminara por el aire, tan fuerte era lo que había sucedido entre ella y su ex marido.

- Y puedo saber, ¿cuáles fueron los argumentos que le hicieron cambiar de idea? – Preguntó Anabel con cierto tono de ironía.

- Todos los que pude utilizar para ayudar a mi hija, -le respondió Jennifer, visiblemente molesta.

- Así que te vas a resolver un problema de la niña a las dos de la tarde, llegas casi a la media noche y todavía te disgustas porque te pregunto, ¡esto es el colmo! –Gritó Anabel fuera de sí.

Salió entonces de su aparente tranquilidad aquella Jennifer que tan bien la otra se sabía, la que había hecho que ella la amara y admirara hasta lo más profundo de su corazón, pero que también hacia que le temiera algunas veces porque era la más directa, fuerte y decidida de todas las personas que había conocido en su vida. Podía llegar a ser de una crudeza tal, que sin tomar en cuenta cuánto podía lastimar, soltaba todo cuanto llevaba por dentro sin medir las consecuencias.

- Espero que esta conversación termine en paz, no acepto réplicas. Tú me pediste que te contara y lo haré, pero escúchame bien, quiero, ¡necesito! que entiendas todo, porque te amo.

Entonces, sin omitir ni un solo detalle desde su llegada a la puerta de la casa de Abdel hasta que salió de ella, le contó todo lo ocurrido. Para que se diera cuenta que no le estaba ocultando algo, también fue muy sincera al explicarle lo que sentía por el padre de su hija, agregando que si le había propuesto que vivieran los tres juntos, era porque su corazón estaba dividido entre ellos dos.

Anabel se puso histérica, Jennifer nunca la había visto en ése estado. Una y otra vez le reprochaba su infidelidad. Entre llantos reclamaba de cómo podía haber llegado a pensar en algo así, vivir los tres juntos era condenarse en vida a una pesadilla eterna. Cómo pasarían sus días y sus noches, le preguntaba, para luego responderse ella misma, que quizás el próximo paso era los tres en la misma cama.

Se retorcía las manos compungida y entre pausas de llantos hiposos, buscaba respuestas en el rostro de su amante, pero solo encontraba silencios.

- ¿Qué te falta conmigo? – Le gritó en el colmo de su desesperación.

- ¡Me falta él! –le respondió de inmediato Y haciendo mayor énfasis en sus palabras, continuó:

-Y te digo más, si Abdel te acepta, no te queda otra que aceptarlo tú, o lo nuestro se termina.

Ante aquellas palabras, para Anabel no quedaron dudas, Jennifer cumpliría lo que decía. Se quedó en silencio, fue hasta la habitación, buscó una almohada y una manta, esa noche dormiría en el sofá.

Mientras, su amante se había dirigido a la habitación de la niña, comprobó que estaba profundamente dormida, le dio un beso en la frente y se encaminó hacia su recámara cerrando la puerta tras ella.

Una vez que Anabel se supo sola, unió sus manos en señal de plegaria y le pidió a Dios que Abdel no aceptara. Sabía que si él lo hacía, a ella no le quedaría otra opción que aceptar el trío o de lo contrario, perdería a Jennifer para siempre.

****

CAPÍTULO X

Transcurrieron varios días desde la visita de Jennifer y una vez que le pasó la euforia de aquel reencuentro, Abdel se refugió en sus libros, buscando desesperadamente un rincón donde pudiera ir hilando aquella cantidad inmensa de recuerdos.

Buscaba el significado de todo lo vívido, intentando en vano desenredar rencores; y es que su martirio no era el mundo, todo estaba dentro de él, no entendía que aún podía ser diamante a pesar de su pasado.

Se justificaba pensando que no traicionaba algo al amar a Jennifer de la forma que él lo hacía, sólo se traicionaba así mismo si se negaba a amarla. Su mundo tenía sólo dos colores, uno era el de la muerte y el otro la vida, escoger entre ellos significaba morir en soledad o vivir si estaba Jennifer.

Aceptó que prefería vivir, así que la seguiría hasta el fin del mundo sin importar Anabel, sin importar lo que dijeran, sin que importara el universo completo.

Cuando creyó que todo estaba en orden dentro de sí,

colocó sus libros en una maleta, guardó lo mejor que pudo todos sus sueños, le entregó al viento sus rencores y partió de la casa de sus padres igual que había llegado, sin pronunciar una sola palabra.

Detrás, dejaba una habitación llena de suspiros, sábanas que habían conocido la pasión y también el llanto; y un viejo cuervo que de vez en cuando, reconocía a la tragedia husmeando por las ventanas.

Los padres tampoco esta vez opinaron, cualquier cosa que hicieran o dijeran no cambiaría lo que aquel amado hijo quisiera hacer. Lo sabían cambiado, distante, alejado completamente del camino en que ellos lo habían iniciado para la vida. Pero debían respetar sus decisiones, aunque en el fondo de sus corazones hubiera un miedo inmenso.

****

Cuando llegó a la que había sido su casa, fue Anabel quien abrió la puerta, ambos se miraron como si se midieran, la mujer no se movía para darle paso. Él nunca supo que aquella actitud no fue un reto, es que aquella infeliz se había quedado como de piedra

ante su presencia, nadie sabía lo que su llegada significaba para ella.

Ahora serían tres, cada día tres, en cualquier lugar de la casa, a la hora de cada alimento, con la pequeña Leticia y hasta en la cama. La idea nunca le cupo en la cabeza pero igual había decidido aceptarla.

Los días que siguieron, por lógica, fueron muy tensos. Cosas tan simples como ducharse o ir hasta la cocina a beber un vaso de agua, se convertían en una preparación mental y de nervios. Los que conocían de la situación no entendían algo, pero tampoco opinaban. Jennifer seguía durmiendo en la habitación principal, reservándose un día para ella, mientras que Abdel, tres noches por semana dormía en la que siempre fue su oficina doméstica. Anabel, mientras tanto, dormía tres noches en el sofá de la sala. Así, de a poco, fueron adaptándose a aquella situación hasta que terminaron asimilándola como algo normal.

Abdel y Jennifer no faltaban a las terapias de familia con Leticia y muy pronto se vieron los resultados de sus esfuerzos. De aquella pequeña retraída y silenciosa, comenzó a surgir una parlanchina criatura que todo lo preguntaba. Cada día repetía nuevas palabras que tan sólo le habían enseñado uno o dos días antes y lo más alentador era que las repetía con muy buena pronunciación.

Uno de esos días en que salieron de las terapias muy animados por los progresos de la niña, decidieron no regresar a la casa de inmediato. La llevarían a comerse un rico helado como premio de lo bien que estaba trabajando. La heladería no quedaba muy lejos de donde estaban, así que prefirieron ir caminando. Mientras andaban, Leticia se columpiaba sostenida por las manos de ambos padres y su carita expresaba una felicidad enorme. Ambos disfrutaban de las risas de la pequeña y conversaban animadamente entre ellos. Ya en el lugar, Abdel ordenó por los tres, pidiendo vainilla para la hija, chocolate para él y una combinación de fresa y almendras para Jennifer; ella se quedó totalmente sorprendida de aquello.

- A pesar de todo lo sucedido y del tiempo que ha pasado, todavía recuerdas mis helados favoritos... -le comentó entre alagada y pensativa-

- Uno no olvida lo que ama, -respondió él, para luego continuar diciéndole- - Tú sabes que las amo a las dos con todas las fuerzas de mí ser, no creo que tenga que repetírtelo una vez más. Pero me gustaría hacerte una pregunta muy importante para mí, ¿te volverías a casar conmigo?

Jennifer sintió dentro de su pecho las mismas sensaciones que aquella mañana en la playa, cuando él le hiciera una pregunta parecida. Miró el rostro tranquilo y feliz de su hija, la hija de ambos, el producto de aquellas noches de tanto amor, de pasión infinita... Luego lo miró a él, que esperaba una respuesta. Otra vez le ofrecía matrimonio, aquel hombre a pesar de todo la amaba. Mejor que eso, ella era todo para él y cada vez se lo demostraba más, con cada acción, en cada gesto, en las tres noches que compartían y que por ese mismo amor, había aceptado como condición para estar a su lado...

Ella dijo que sí, lo dijo feliz, segura, mirándole a los ojos, como para que él confirmara en aquella mirada que no había vuelta atrás. Habían sido el uno para el otro y eso no lo cambiaría ni Dios.

Esta vez la boda fue en total reserva, solo Anabel y un amigo en común de todos, estaban presentes para servir como testigos de la ceremonia, a Leticia la dejaron en la casa de sus abuelos paternos para que pasara el día con ellos. No la quisieron llevar porque como ya hablaba bastante, temían que la pequeña hiciera algún comentario que revelara el secreto.

Anabel temió que su posición dentro de aquel triángulo se tambaleara después de la boda, pero luego se tranquilizó cuando pudo comprobar que la vida continuaba idéntica a como había sido antes de éste nuevo matrimonio

Varios años transcurrieron en aquella aparente armonía, parecía que todos habían aceptado que la vida también podía ser feliz, llevándola de ésta manera. Pero cuando todo parecía marchar mejor, Jennifer comenzó a volverse muy posesiva y celosa. Las crisis las hacía principalmente con Abdel, juraba que éste le era infiel y cualquier llamada o salida que ella no pudiera controlarle, se convertía en una batalla. Como dentro de los acuerdo en que vivían, estaba la prohibición de inmiscuirse en las relaciones entre la otra pareja, cuando ella explotaba con alguno de los dos, al otro no le quedaba otro remedio que salirse de la casa.

Una noche en la que Abdel llegó un poco más tarde de su trabajo, Jennifer lo esperó como si con eso se estuviera acabando el mundo. Desde que el cansado hombre abrió la puerta de la casa, comenzó ella a gritarle acusaciones, le reprochaba su tardanza e insistía en que no era por estar trabajando que había llegado a esa hora. Lo agarró por el cuello de la camisa y le obligó a acercarse lo suficiente a ella como para poder olerle el cuello y la ropa.

- Conozco tu olor, -le gritó- y hoy hueles diferente.

Anabel que había presenciado la escena, no pudo contenerse porque si de algo estaba segura, era que aquel hombre nunca traicionaría a Jennifer, así que con sorna le preguntó:

- Para ti ¿qué es oler diferente? ¿Quién te ha metido esas cosas en la cabeza?

- Mis zombis, -le respondió- ellos viven conmigo, ninguno de ustedes los pueden ver pero siempre están conmigo, ellos me lo dicen todo y yo les creo.

Tanto Anabel como Abdel se miraron desconcertados; ambos sabían de los temores de Jennifer desde pequeña, tanto a la obscuridad como a aquellas imaginarias figuras. En algún momento y en distintos tiempo, ella les había hecho algún comentario al respecto, pero nunca imaginaron que aún existieran esos miedos.

Después de esa escena, corrió a su habitación y se refugió en ella. Se sentía expuesta, había permitido que en su ofuscación, sus dos parejas supieran de sus angustias y eso nunca se lo iba a perdonar. Entre sus disquisiciones, volvía al origen de la discusión y una vez más se repetía que Abdel era la sal de sus días y se negaba a perderlo. Tenía miedo sin saber por qué ni a quién. Razonaba que él no le daba motivos para desconfiar de esa forma, pero eso no aliviaba lo que sentía.

En otra ocasión su furia y desconfianza recayó sobre Anabel, que había estado hablando por varios minutos en el teléfono sin que ella supiera con quién.

La situación que comenzó con un reclamo más o menos discreto, terminó con Jennifer en la cocina, lanzando una fuente de ensalada contra el piso. Abdel que escuchó el ruido, corrió hasta allí para ver que ocurría y cuando intentó levantar el desastre, Jennifer le estampó dos sonoras bofetadas en el rostro, gritándole que no se metiera donde no le habían llamado.

Las actitudes de Jennifer se hacían cada vez más insoportables, las cosas en la casa iban de mal en peor, porque a los maltratos verbales ahora se sumaban los físicos, siendo Abdel el blanco más usual. Era una situación difícil que asfixiaba a todos, y más a las dos partes de aquel triángulo que no podían entender aquellos celos descontrolados que con los años, la dominaban cada vez más.

Anabel, a esas alturas de las circunstancias, se había volcado por completo al cuidado de Leticia que ya estaba por cumplir los diez años. Procuraba por todos los medios que la niña estuviera el menor tiempo posible en la casa, intentaba que la criatura no presenciara, en lo posible, las constantes discusiones que tenían sus padres.

En aquella mujer con la niña, se repetía de alguna manera, la historia de María con Leonor y Jennifer, a diferencia que aquellas mujeres se empeñaron en construir un hogar feliz, donde las discusiones se trataban de una forma civilizada y discreta.

Esa misma actitud, de mantenerse al margen de los problemas dentro de la casa, teniendo a Leticia como justificación para no estar allí, hacía que el mayor peso de los problemas fuera sobre las espaldas de Abdel, liberándose ella de muchas de las crisis.

Jennifer ya atacaba a su marido con cualquier objeto y por el más simple motivo. Para ella todo era bueno para golpearlo, daba rienda suelta a su ira, justificada por medio de sus delirios y desconfianzas.

Entre ellos dos se había creado un círculo vicioso en el que se discutía, se llegaba a la violencia (era siempre Jennifer la que golpeaba), luego venían las reconciliaciones, se despedazaban el alma en la cama, en una desenfrenada entrega llena de culpabilidad, para luego en pocos días volver a discutir.

Aquellos estados emocionales tan irregulares, fueron despertando en Abdel sus propios fantasmas, los mismos que le acompañaron en los casi dos años que estuvo separado de Jennifer y que él creía haber desterrado de su mente.

Desde ese momento, la paciencia de Abdel se convirtió en telarañas cargada de mortales insectos. Su corazón se fue muriendo y su mente se fue turbando. Se negó a seguir prendido de las espinas que sostenían su relación. Ellos eran sólo tres, Jennifer, Leticia y él, una única familia que no tenía espacios para alguien más. Anabel sobraba, siempre había sobrado y era la culpable de todas las calamidades que lo acompañaban, ahora lo entendía.

Una mañana, después de haber pasado la noche rumiando desconsuelos, se levantó con la sensación de que a su alrededor sólo se respiraba niebla. Cuando llegó a la cocina, vio a su esposa bebiéndose una taza de café negro, esa noche pasada, le había tocado a Anabel dormir con ella, y mirando aquel cuerpo cubierto sólo por una ligera bata de dormir, creyó descubrir una verdad que lo paralizó; ya no había pasión, sólo delirios y entregas falsas. Ella prefería hacer la guerra con él y entregarle su paz y amor a aquella intrusa que se había interpuesto entre ellos.

En su obsesión y delirios, nunca supo que aquella mañana en la que sus fantasmas se ensañaron en desfigurarle el alma, Jennifer estaba en la cocina con su taza de café porque había dormido sola. Anabel y Leticia se habían quedado en el apartamento de Leonor y María desde la tarde anterior, para poder ir a la playa muy temprano con las abuelas.

La voz que muchas veces le hablara, allá en la habitación de la casa de sus padres, ahora le reclamaba por todas las cosas ocurridas. No podía continuar soportando los abusos verbales y físicos de su mujer. El viejo cuervo lo había encontrado y desde la ventana, le marcaba que ya era hora de terminar con todo. Había estado extrañamente confundido. La verdad era otra, una verdad que se había negado a ver.

Por la tarde llegaron Anabel y la niña, venían agotadas de la playa y con una bolsa llena de sorpresas. Se habían dedicado a recoger caracoles y piedras marinas, todo un tesoro que Leticia quería compartir con sus padres,

- Soy el Hada de las Aguas del Mar y les traigo de regalo algunos de mis tesoros. –Le dijo a los dos en cuanto entró a la casa.

Abdel la levantó en peso, subiéndola hasta la altura de su rostro para darle un enorme beso en la mejilla, después sin bajarla, la llevó junto a la madre que había estado mirando la escena sonriente. La niña se abrazó a ella que la cargó directo hasta la habitación para que se cambiara de ropa.

Leonor le había dado a Anabel unos contenedores con comida que había preparado expresamente para ellos. Así que cuando la niña se fue con su madre y Abdel se sentó a ver la televisión, ella se puso a crear las condiciones para la cena. Estaba cansada, quería dormir temprano. Tendría varios días complicados a partir de la mañana siguiente y necesitaba estar bien fresca y despejada cuando llegara a su trabajo. La tarde y la noche transcurrieron en relativa paz. Poco después de la comida, Jennifer se recluyó en su habitación, después de haberle dado las buenas noches a la niña y cerciorado que todo quedaba en orden en la casa.

Anabel de inmediato, se acomodó para dormir y Abdel quedó solo, deambulando por la casa.

Fue hasta la habitación de la niña, miró su rostro de criatura inocente y con sumo cuidado salió en absoluto silencio, no quería perturbar el sueño de uno de los seres que más quería en la vida. A quien le hubiera gustado ver antes de encerrarse en su casi jaula, así la sentía cuando comenzaban los fantasmas a rondarle, era a Jennifer pero ella ya se había ocultado en su castillo, donde no se la podía molestar, porque de bella cortesana se convertía en brutal dragón que con su boca de fuego escupía dolores y tormentos para quien osara importunarla...

Echado sobre la cama de su habitación, comenzó a darle vueltas en su cabeza a todo lo que aquella voz dentro de él decía. Ahora estaba convencido, tenía que terminar con todo y esa voz que ahora lo guiaba le estaba diciendo lo correcto.

Así transcurrió la noche, no durmió, hacía ya mucho que no lo hacía. Al amanecer sintió como la intrusa salía de la casa. De sú casa, le rectificó la voz. Esperó a que los rayos del sol tocaran las paredes, aunque por mucho que se esforzaran, no podrían destruir jamán aquella nube negra que los estaba cubriendo.

Después de varios titubeos, tomó el arma y una vez más acarició su cuerpo de metal sosteniéndola con fuerza. Avanzó seguro, abrió la puerta y escuchó a Jennifer que ya estaba en la cocina. Caminó hasta llegar frente a ella. La mujer se asustó, por primera vez sintió temor ante ese brillo en la mirada de su esposo. Por instinto quizás, temió por su vida, la actitud de él era siniestra.

Agarró un cuchillo que estaba en unos de los cajones de la cocina, estaba dispuesta a defenderse pero por primera vez, él se le adelantó en los movimientos arrebatándole el cuchillo de las manos. La empujó y ella cayó al suelo.

Desde el piso, Jennifer le gritó exigiéndole que la dejara.

- Debemos terminar Abdel, ya esto no hay quien lo soporte, ¡vete y déjame en paz de una vez!

La voz dentro de él repitió como un eco lo que ella había dicho; deben terminar, ya no quiere seguir contigo... Ahora por su mente, desfilaban los recuerdos nuevamente, le mostraba los dolores de una traición muy bien preparada... Y esa voz que le gritaba, que le exigía que la matara... es ahora, ahora que está ahí tirada en el piso, le repetía.

Su mano obedeció y apretó el gatillo.

Disparó una y otra vez el arma. Jennifer ya no respiraba, tirada sobre un charco de sangre que iba creciendo como una rara sombra a su alrededor, estaba inerte, todo había terminado a manos de aquel que nunca logró entender si le amó más que a su vida y que ese día, la llevó a su muerte....

Se fue la nube gris, dejó la casa sola. No persigue ya a inocentes ni destruye familias, porque esta vez se desgastó, ensañándose en la vida de muchas generaciones.

Después de tantos años de mantener a "la casa del suburbio" en tinieblas, ahora gravita en el espacio, buscando otro tejado que se encuentre débil y que no note su presencia. Allí descansará hasta volver a convertirse en Tormenta.

Tampoco los zombis se asoman ya por las ventanas, ni velan los caminos de los árboles. Se han quedado en silencio, sus bocas mudas ya no pueden sembrar discordias ni levantar calumnias.

El viejo cuervo ya no vuela en el curso de los días, ni picotea los cristales para llamar la atención de niñas abusadas, hoy a él también le toca la salida hacia otros mundos, donde su graznido se haga eco de viejas pesadillas que no pueden romper las redes que las contienen.

Y aquel diario que un día fue el más fiel de los amigos, que supo de todas las cosas soñadas y vividas, pero que nunca logró saber el verdadero nombre, cerró para siempre sus páginas como homenaje último a la que fue su amiga.

En su celda, él espera la sentencia, mucho se ha dicho sobre éste caso pero aún no hay conclusiones, un grupo de hombres y mujeres, deberán reunirse muy pronto, y ante un tribunal, entregar un veredicto que podría concluir o comenzar con muchas vidas…

Todos se están enfrentando a verdades que de a poco, van sacando a la luz cientos de razones; una niña habla, una amante evade y todo sucede, cuando ya se siente el peso de una innegable realidad, hubo varias víctimas, no sólo aquella mujer…

ÍNDICE

AGRADECIMIENTOS	5
DEDICATORIA	7
CAPÍTULO I	11
CAPÍTULO II	17
CAPÍTULO III	25
CAPÍTULO IV	31
CAPÍTULO V	41
CAPÍTULO VI	53
CAPÍTULO VII	57
CAPÍTULO VIII	71
CAPÍTULO IX	81
CAPÍTULO X	101

www.ingramcontent.com/pod-product-compliance
Lightning Source LLC
LaVergne TN
LVHW011211080426
835508LV00007B/728